초등학생을 위한

체스 교과서

머레이 챈들러·헬렌 밀리건 지음
한국 체스 대표팀 감독 송진우 옮김

바이킹

Chess for Children
by murray Chandler and Helen milligan
First published in English by Gambit Publications Ltd.
under the title Chess for Children in 2004
The original English edition was edited by Bad Bishop Ltd.
Illustrations by Cindy McCluskey of FatKat Animation

초등학생을 위한
체스 교과서

1판 11쇄 펴낸 날 2025년 11월 10일

지은이 | 머레이 챈들러·헬렌 밀리건
옮긴이 | 송진우

펴낸이 | 박윤태
펴낸곳 | 보누스
등　록 | 2001년 8월 17일 제313-2002-179호
주　소 | 서울시 마포구 동교로12안길 31 보누스 4층
전　화 | 02-333-3114
팩　스 | 02-3143-3254
이메일 | viking@bonusbook.co.kr
블로그 | http://blog.naver.com/vikingbook
인스타그램 | @viking_kidbooks

ISBN 978-89-6494-104-1 13690

바이킹은 보누스출판사의 어린이책 브랜드입니다.

• 책값은 뒤표지에 있습니다.

초등학생을 위한 체스 교과서

머레이 챈들러 · 헬렌 밀리건 지음
한국 체스 대표팀 감독 송진우 옮김

바이킹

머리말

최고의 보드 게임, 체스

체스는 수많은 사람들을 매혹해 왔습니다. 운이 아닌 실력만으로 승부가 결정된다는 점에서 체스는 매력적입니다. 체스는 누구라도 상대방과 똑같은 16개의 기물을 가지고 64칸의 체스판 위에서 게임을 시작합니다.

게임이 어떻게 진행될지는 오로지 기물을 쥐고 있는 자신에게 달려 있는 거죠. 상대방에게 체크메이트(Checkmate)를 안겨 주기 위해서는 상대의 전략을 알아채고 내 군대(16개의 기물)를 잘 활용해야 합니다. 멋진 작전을 구사해서 상대방의 기물들을 잡아야 하는 거죠. 그러나 상대도 가만히 당하고만 있지는 않을 겁니다. 그러므로 체스에서 이기려면 무엇보다 고도의 집중력이 필요한 법입니다.

치밀한 계산과 전략 전술, 기물들의 규칙과 기보. 이런 단어를 듣고 있으면 체스가 무척 까다롭고 복잡해 보일 수도 있습니다. 하지만 체스를 배우는 일은 의외로 쉽습니다. 이 책을 펼친 당신은 오랜 시간을 들이지 않고도 각 기물의 움직임과 체스 기호, 다양한 전략을 배울 수 있습니다. 곧 친구들은 물론 우연히 당신 곁을 지나가는 그랜드마스터와도 체스를 둘 수 있을 정도로 말이죠. 자, 이제 체스라는 멋진 세상에 온 여러분을 환영합니다.

체스 그랜드마스터
머레이 챈들러 · 헬렌 밀리건

등장 인물

폴

장난기 많고 덤벙대는 성격을 지닌 폴은 어디서든 볼 수 있는 평범한 아이다. 하지만 체스에 대한 열정만큼은 만만치 않다. 가장 절친한 친구인 디노에게 체스를 배우면서 점점 체스의 매력에 빠져들게 되었다.

디노

폴의 단짝이자 체스 선생. 다른 사람들 앞에서는 인형으로 보이지만 폴과 단둘이 있을 때에는 둘도 없는 친구가 된다. 디노는 자신이 그랜드마스터 못지않은 체스 실력을 지녔다고 호언장담하지만 진실은 아무도 모른다. 어느 날 폴에게 체스를 권하면서 흥미진진한 체스의 세계로 그를 이끌었다.

차례

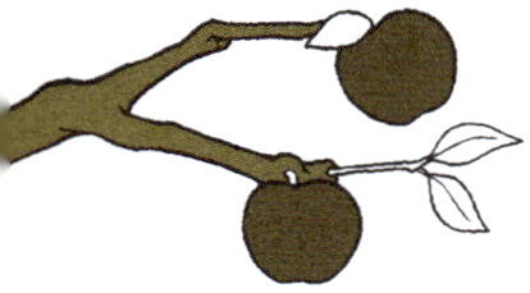

5장 오프닝과 전략 전술

첫 수는 어떻게 시작해야 할까? 129

전략을 세우자! 139

6장 폴과 디노 맞붙다

1장 체스판과 기물들

CHESS FOR CHILDREN

체스는 일종의 전쟁 게임입니다. 자신의 기물(말)을 지키고 상대의 기물을 많이 잡아야 게임에서 승리할 수 있죠. 따라서 여러분은 체스판이 어떻게 생겼고 각 기물들에는 어떤 것이 있는지 알아야 합니다. 그리고 당연히 기물들이 어떻게 움직여야 하는지도 알아야 합니다. 여러분이 체스를 처음 접한다면 어떻게 게임을 시작해야 할지도 배워야 할 것입니다. 배울 게 많아 보여 걱정인가요? 걱정 마세요. 체스판 앞에서 당혹스러운 표정을 지을지도 모를 여러분을 위해 이 장에서는 체스의 기본을 차근차근 알아보겠습니다.

비가 오는 날, TV를 보던 폴은 무척 심심했습니다.
"나랑 놀자." 공룡 친구 디노가 말했어요.
"나랑 체스하자. 아주 쉬워. 내가 가르쳐줄게."
"그래, 좋아. 하지만 제대로 가르쳐줘야 해."
폴이 디노를 바라보며 말했습니다.
"걱정 마. 우리 삼촌이 체스 그랜드마스터야."
디노가 활짝 웃으며 말했습니다.

각 기물의 이름

양 선수를 각각 백과 흑이라고 부르고 백은 흰색 기물을, 흑은 검은색 기물을 가집니다. 백과 흑은 각기 16개의 기물을 가지고 시작합니다. 폰 8개, 룩 2개, 나이트 2개, 비숍 2개, 킹 1개, 퀸 1개가 있습니다.

옆은 각 기물의 기호입니다.

각 기물은 제각기 독특하게 움직이면서 상대방의 기물을 잡습니다. 구체적인 움직임은 다음 장에서 알아보겠습니다.

체스판

체스판은 64칸으로 이뤄져 있습니다. 반드시 밝은색 칸이 **오른쪽 아래에** 오도록 주의해야 합니다.

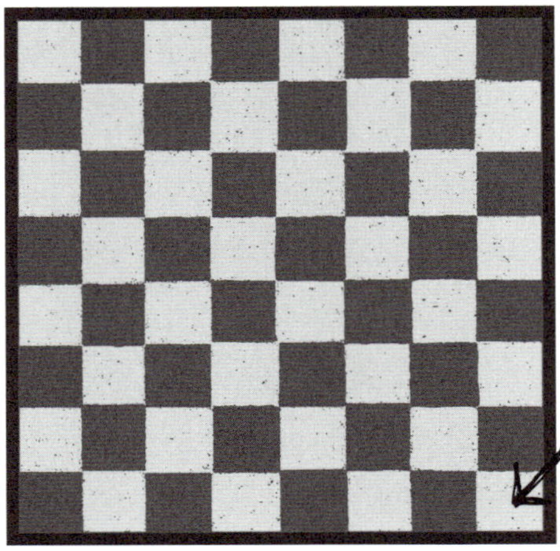

시작 위치

아래 그림을 보세요. 각 기물들이 시작 위치에 잘 정렬되어 있습니다. 모든 체스 게임은 이와 같은 위치에서 시작합니다. 백 기물들이 2줄로 서 있고 반대쪽에 흑 기물들이 같은 위치에 서 있습니다.

양 선수는 번갈아 가며 한 번씩 자신의 기물을 움직입니다. 언제나 백이 먼저 움직이며 흑이 그다음에 움직입니다. 상대방 킹을 **생포**하면 승리합니다. 공격받은 킹이 더는 도망갈 곳이 없는 경우를 '체크메이트'(Checkmate)라고 합니다.

연습 문제 : 1

자, 첫 연습 문제입니다. 앞에서 배운 각 기물의 이름과 시작 위치를 잘 알고 있는지 점검해 봅시다.

1. 체스판에 백 기물 1개와 흑 기물 1개가 있습니다. 이 기물들의 이름은 무엇입니까?

2. 체스 게임을 시작하려는데 4개의 기물이 사라졌습니다! 어떤 기물이 사라졌나요?

3. 폰들이 시작 위치에 있습니다. 게임을 시작할 때 폰은 몇 개입니까?

4. 모든 기물들이 시작 위치에 있습니다. 나이트는 모두 몇 개입니까?

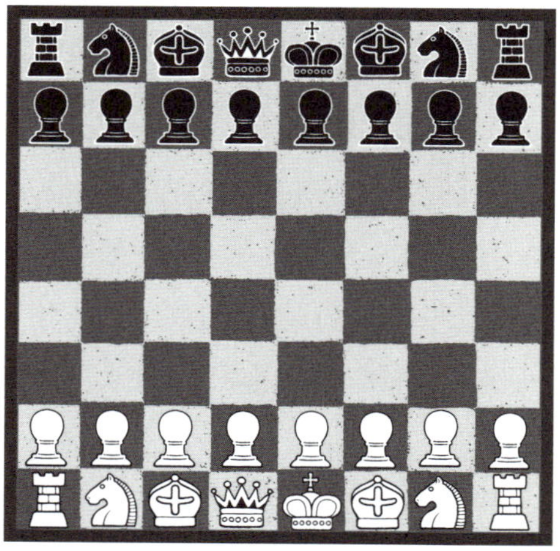

해답: 154쪽

비숍과 룩은 어떻게 움직이나요?

"비숍은 대각선으로 움직이면서 상대방 기물을 잡아."

디노가 말했습니다.

"별로 어렵지 않네."

폴이 체스판 귀퉁이를 가리키며 말했습니다.

"비숍이면 저기까지 갈 수 있겠는걸!"

비숍의 움직임

비숍은 오직 대각선으로만 움직입니다. 체스판 가장자리까지 몇 칸이든 한 번에 갈 수 있습니다. 대각선을 따라서 앞뒤로 움직일 수 있습니다.

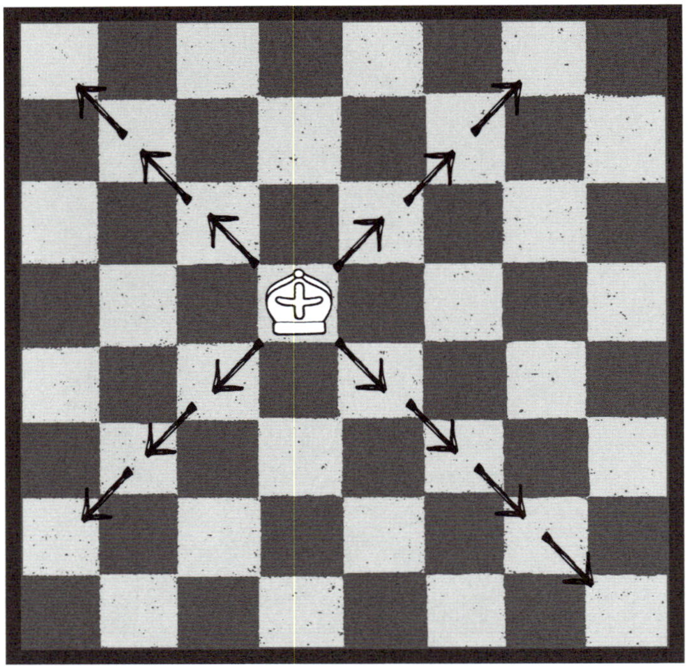

위 그림에 있는 백 비숍은 화살표로 표시된 모든 곳으로 갈 수 있습니다. 하지만 비숍은 다른 기물들을 뛰어넘을 수 없습니다. 다른 기물이나 폰이 없는 길로만 다닐 수 있습니다. 적군이든 아군이든 다른 기물과 폰들을 '통과'하거나 뛰어넘을 수 없습니다. 그러나 비숍이 갈 수 있는 곳에 상대방 기물이 있다면, 당연히 그 기물을 **잡을 수 있습니다.** 상대편 기물을 잡으면 그 자리를 차지할 수 있습니다.

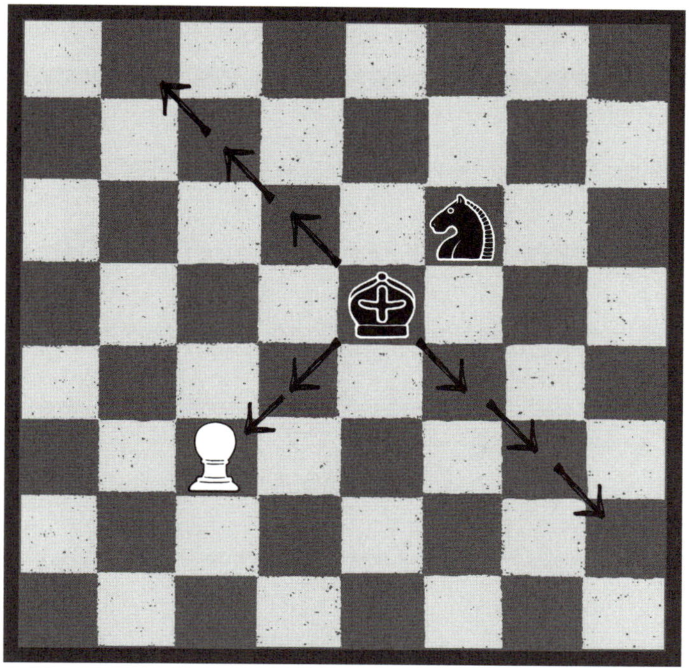

위 그림에서 흑 비숍은 화살표로 표시된 곳으로만 갈 수 있습니다. 비숍은 다른 기물들을 뛰어넘을 수 없으므로 흑 나이트가 버티고 있는 쪽으로는 움직일 수 없습니다. 반면, 흑 비숍이 백 폰을 잡으면 그 자리로 갈 수 있습니다.

룩의 움직임

룩은 비숍처럼 흑과 백에게 2개씩 있습니다. 기물 모양이 성곽을 닮아서 '캐슬'(Castle)이라고 부르는 사람들도 있지만 체스 선수들은 언제나 '룩'이라고 부릅니다. 룩은 체스판 위에서 앞뒤, 좌우로 직진할 수 있습니다.

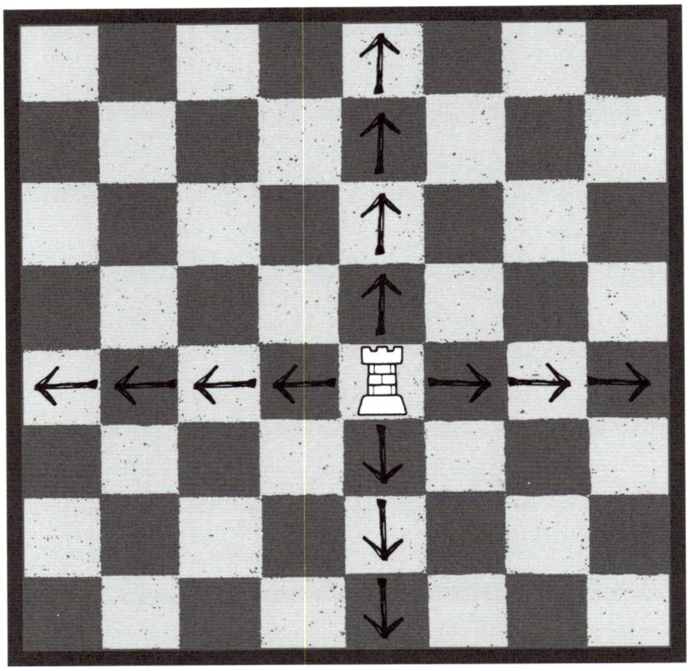

이 그림에서 룩은 화살표로 표시된 곳 어디든지 갈 수 있습니다. 룩은 자신이 이동할 수 있는 곳에 상대방 기물이 있다면 그 기물을 잡을 수 있고, 당연히 그 자리로 갈 수도 있습니다. 그러나 다른 기물들을 뛰어넘을 수는 없습니다.

위 그림에서 흑 룩은 백 기물 2가지 중 1가지를 선택하여 잡을 수 있습니다. 백 비숍을 잡을 수도 있고, 백 퀸을 잡을 수도 있습니다. 그러나 흑 룩으로 백 나이트를 잡을 수는 없는 상황입니다. 흑 폰이 중간에 흑 룩의 진로를 **가로막고** 있기 때문입니다. 룩은 절대 다른 기물을 뛰어넘을 수 없습니다.

연습 문제 : 2

비숍과 룩은 같은 방향으로는 아니지만 먼 거리도 한 번에 갈 수 있는 기물입니다. 그림을 잘 보고 답하세요.

1. 백 비숍은 흑 나이트와 흑 폰 중 어느 기물을 잡을 수 있나요?

2. 흑 비숍이 백 퀸을 잡을 수 있나요?

3. 아래 그림에서 백 룩은 몇 개의 흑 기물을 공격할 수 있을까요?

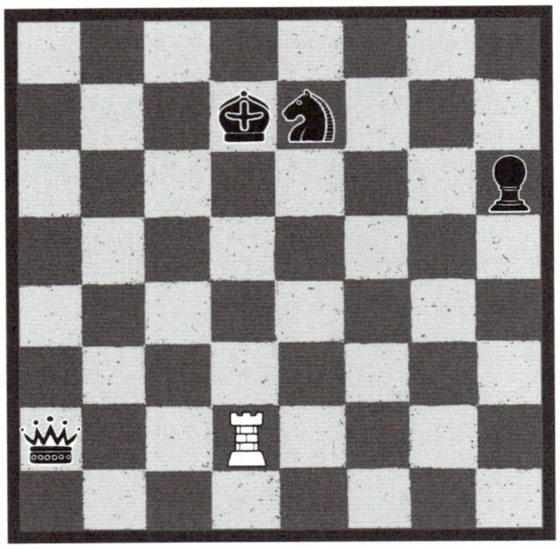

4. 흑 룩이 잡을 수 있는 백 기물은 하나입니다. 어느 것인가요?

해답: 154쪽

킹과 퀸은 어떻게 움직이나요?

"퀸은 아주 강력한 기물이야, 아주 세지."

퀸을 든 디노가 말했습니다.

"마치 비숍과 룩을 합친 것과 같아."

"우와. 그럼 퀸은 정말 소중하겠네."

"물론이지, 마치 나처럼 말이야."

우쭐대는 디노의 말에 폴은 얼굴을 찌푸렸습니다.

퀸의 움직임

퀸은 룩처럼 앞뒤, 좌우로 직선을 따라 움직일 수 있습니다. 그뿐만 아니라 비숍처럼 대각선을 따라 움직일 수도 있죠. 이 대단한 기물은 장애물만 없다면 모든 방향으로 한 번에 이동할 수 있습니다.

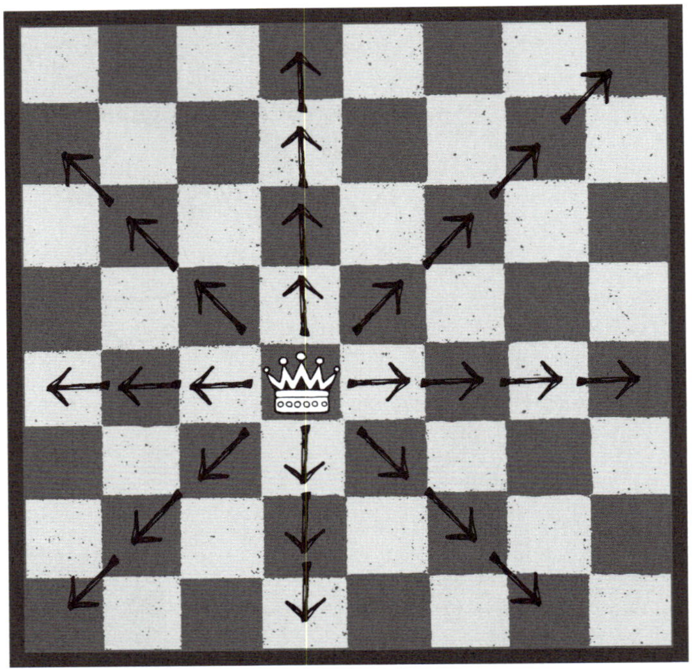

퀸은 원한다면 체스판 끝까지 한 번에 갈 수도 있습니다. 단, 비숍이나 룩과 마찬가지로 다른 기물을 뛰어넘을 수는 없습니다.

퀸은 팔방으로 자신이 원하는 만큼 움직일 수 있습니다. 따라서 그 방향에 있는 상대방 기물이라면 얼마든지 잡을 수 있습니다. 퀸은 이처럼 매우 강력한 기물이기 때문에 소중하게 다뤄야 한다는 점을 꼭 기억해야 합니다.

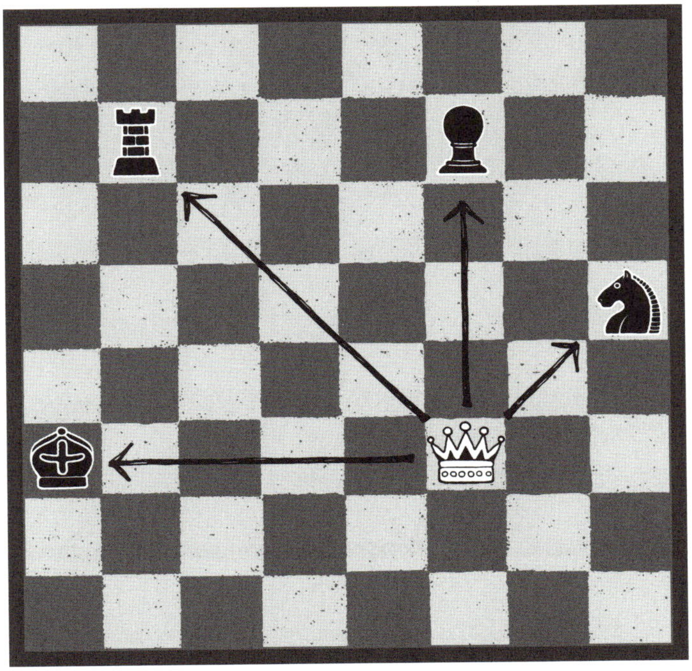

위 그림에서 백 퀸이 흑 기물 4개를 동시에 공격하고 있습니다. 백 퀸으로 흑 폰, 흑 나이트, 흑 룩 또는 흑 비숍을 잡을 수 있는 상황입니다.

그러나 이 상황에서 흑 폰을 잡는 것은 큰 실수를 저지르는 일입니다. 흑 폰을 흑 룩이 '지켜주고' 있으니까요. 만일 백 퀸이 흑 폰을 잡는다면 흑 룩이 곧바로 백 퀸을 잡아 버릴 것입니다.

킹의 움직임

킹은 한 번에 1칸만 움직일 수 있지만 앞뒤, 좌우, 대각선으로 이동할 수 있습니다.

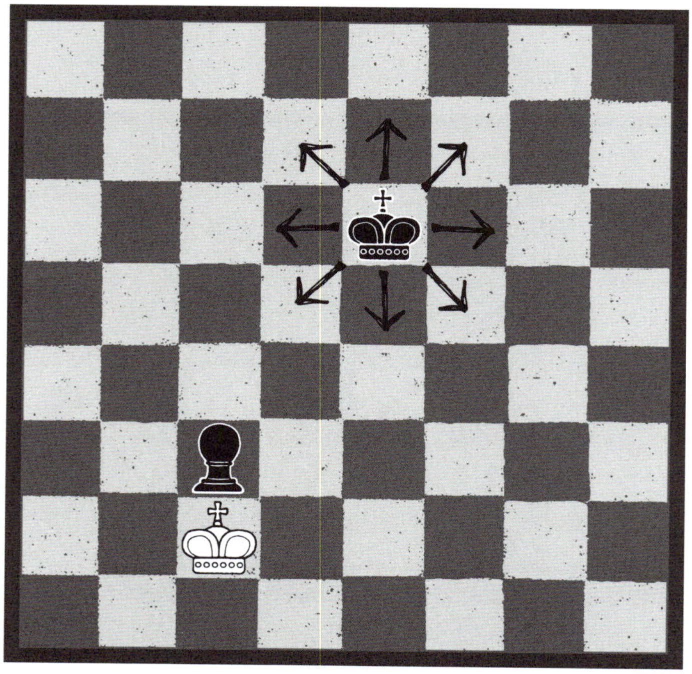

위 그림에서 흑 킹은 화살표로 표시된 곳 어디든지 이동할 수 있습니다. 따라서 백 킹은 원한다면 흑 폰을 잡을 수도 있습니다.

한 번에 멀리가지 못하고 1칸밖에 움직일 수 없는 킹은 약한 기물로 보입니다. 하지만 킹은 체스판에서 가장 중요한 기물입니다. 킹이 왜 그렇게 중요할까요? 체스 게임의 목적이 상대방의 킹을 사로잡는 것이기 때문입니다. 상대방의 킹이 다음 수에 잡힐 수밖에 없는 상황이 되면 이것을 **체크메이트**라고 합니다. 그러면 바로 게임이 종료됩니다.

킹이 공격을 받은 상황을 **체크**라고 합니다. 만일 킹이 체크를 당하면 당장 체크에서 벗어나야만 합니다. 규칙상 킹은 체크를 당할 수 있는 곳으로 움직일 수도 없습니다.

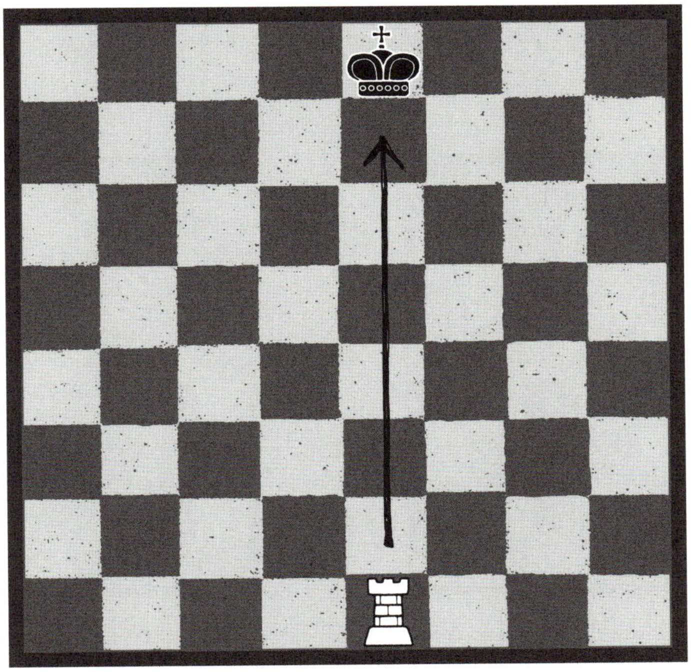

흑 킹이 백 룩의 공격을 받아 체크를 당한 상황입니다. 킹이 잡히면 게임은 바로 끝이 납니다. 그리고 그것은 곧 패배를 의미하죠. 따라서 체크를 당한 흑은 **반드시** 체크에서 벗어나야 합니다. 이 상황에서는 흑 킹이 직접 움직여서 체크를 벗어날 수 있습니다. 앞뒤와 좌우로 이동과 공격이 가능한 룩의 특성을 생각할 때, 흑 킹은 좌우 어느 쪽이든 1칸만 이동하면 일단은 체크에서 벗어날 수 있습니다.

연습 문제 : 3

다음은 킹과 퀸의 움직임을 잘 이해하고 있는지를 알아보는 문제입니다. 잘 생각해 보고 답하세요.

1. 백 퀸은 몇 개의 흑 기물을 동시에 공격하고 있나요?

2. 흑 퀸은 백 비숍을 잡을 수 있을까요?

3. 백 킹이 잡을 수 있는 흑 기물이나 폰이 있습니까?

4. 흑 킹이 움직일 수 있는 곳은 몇 군데인가요? 단, 킹은 자신이 체크를 당할 수 있는 곳으로는 이동할 수 없습니다.

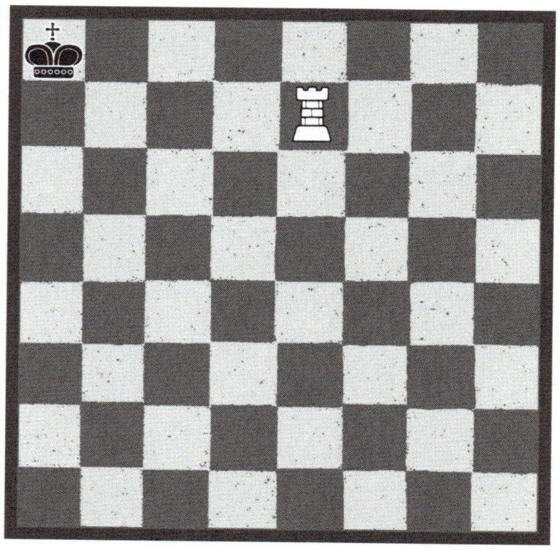

해답: 154쪽

폰과 나이트는 어떻게 움직이나요?

"나이트는 내가 제일 좋아하는 기물이야. 다른 기물들을 뛰어넘거든."

디노가 말했습니다.

"잡을 때도 똑같아?"

디노의 말이 끝나자 폴이 물었습니다.

"물론이지. 상대방 기물 여러 개를 동시에 공격할 수도 있어.
이 방법은 체스 게임에서 굉장히 유용해. 잘 알아두라고."

디노가 웃으며 폴에게 대답했습니다.

폰의 움직임

각기 8개의 폰이 주어집니다. 폰들은 다른 기물들 앞에서 게임을 시작하며 오로지 전진만 할 수 있습니다. 폰은 **절대로 뒤로 갈 수 없습니다.**

기본적으로 폰은 앞으로 1칸씩만 이동할 수 있습니다. 단, 게임을 시작한 후에 처음 움직이는 폰은 한 번에 2칸도 전진할 수 있습니다.

그림에서 보다시피 흑 폰은 (아래 방향으로 움직인다) 이미 움직인 적이 있습니다. 다음에는 1칸만 움직일 수 있습니다. 반면에 처음 시작 위치에서 전진을 준비하고 있는 백 폰은 아직 움직인 적이 없기 때문에 1칸 또는 2칸을 전진할 수 있습니다.

폰의 바로 앞 칸이 다른 기물에 의해 막혀 있다면 그 기물이 아군이든 적군이든 상관없이 전진할 수 없습니다. 하지만 폰은 대각선 방향에 있는 상대방 기물을 공격해서 잡을 수 있습니다.

폰은 곧장 전진만 할 수 있습니다. 하지만 공격을 할 때에는 대각선에 있는 상대 기물을 잡을 수 있습니다. 즉, 폰은 자신의 위치에서 대각선 방향으로 1칸 앞에 있는 상대방 기물을 공격할 수 있습니다.

위 그림에서 흑 폰은 백 나이트를 잡거나 그냥 1칸 앞으로 이동할 수 있습니다. 반면에 백 폰은 흑 룩을 잡을 수는 있지만 전진할 수는 없습니다. 흑 비숍이 앞을 가로막고 있기 때문에 **전진할 수는 없습니다.**

나이트의 움직임

나이트는 L자 모양으로 앞뒤, 좌우 모든 방향으로 이동하며 다른 기물을 뛰어넘을 수 있습니다. 다른 기물들을 뛰어넘을 수 있는 유일한 기물이 바로 나이트입니다.

위 그림은 체스판 중앙에 있는 나이트가 어떻게 L자 모양으로 이동하는지를 화살표로 보여주고 있습니다. 나이트의 움직임을 쉽게 기억하려면 **둘-하나**를 기억하면 됩니다. 나이트는 한 방향으로 **2칸** 움직인 다음, 다시 옆으로 **1칸** 더 움직입니다.

나이트도 폰을 제외한 다른 기물들처럼 공격과 이동 방향이 같습니다. 아래 그림에서 백 나이트가 어느 흑 기물을 잡을 수 있는지 알아봅시다.

백 나이트는 흑 기물을 3개나 잡을 수 있습니다. 흑 룩, 흑 퀸, 흑 비숍 모두 공격을 받고 있는 셈입니다. 흑 비숍 앞에서 흑 폰과 백 폰이 길을 가로막고 있지만 백 나이트는 이 폰들을 뛰어넘어 흑 비숍을 잡을 수 있습니다. 나이트는 독특한 이동 방식 때문에 움직일 때마다 자리의 색이 바뀝니다.

연습 문제 : 4

폰과 나이트의 움직임을 모두 배웠습니까? 그렇다면 다음 문제에 답해 봅시다.

1. 백 폰이 화살표 방향으로 1칸 전진했습니다. 폰이 이제 2칸 전진할 수 있는가?

2. 백 기물 중 흑 폰이 잡을 수 있는 것은 백 비숍일까요? 아니면 백 룩일까요?

3. 백 나이트가 잡을 수 있는 것은 흑 룩일까요? 아니면 흑 퀸일까요?

4. 다음 그림에서 흑 나이트가 잡을 수 있는 기물은 몇 가지인가요?

해답: 154쪽

훈련 문제

몇 가지 재미있는 훈련용 문제들이 있습니다. 체스 세트와 기물을 꺼내 직접 해보는 것이 좋습니다. 이 문제에서는 모두 백 기물만 움직입니다.

1. 비숍을 ×표시가 되어 있는 구석까지 한 번에 움직여보세요.

2. 백 룩을 움직여 흑 폰 2개를 모두 잡고 ×표시가 있는 곳까지 가보세요.

3. 백 나이트를 움직여서 흑 폰 2개를 모두 잡아 보세요. 6수 만에 완벽하게 할 수 있답니다!

4. 백 나이트를 움직여서 흑 폰 8개를 모두 잡아 보세요. 3분 만에 할 수 있다면 여러분은 그랜드마스터가 될 수도 있습니다.

미니 체스

지금까지 체스 기초 룰을 배우느라 수고했습니다. 이제 기호와 기보를 배워야 하지만 한시라도 빨리 체스를 시작하고 싶다면 다음 미니 체스 게임들을 훈련 삼아 시도해 보길 바랍니다. 게임 상대가 되어 줄 부모님 또는 친구가 필요할 것입니다. 미니 체스는 기물을 몇 가지만 사용합니다. 백이 먼저 시작하고, 그다음에 흑이 움직입니다. 계속해서 서로 번갈아 가며 한 번씩 움직입니다.

혹시 체스에 '터치 무브 규칙'이 있다는 이야기를 들어 본 적이 있습니까? 체스를 할 때 기물을 한 번 움직이고 나면 마음이 바뀌더라도 물릴 수가 없습니다. 기물을 한 번 잡았다면 꼭 그 기물을 움직여야 한다는 규칙입니다.

1. 폰 게임

백이 먼저 움직이며 서로 한 번씩 번갈아 차례로 움직입니다. 폰들을 최대한 멀리 보내서 반대쪽 끝까지 먼저 폰을 도달시키는 사람이 승리합니다.

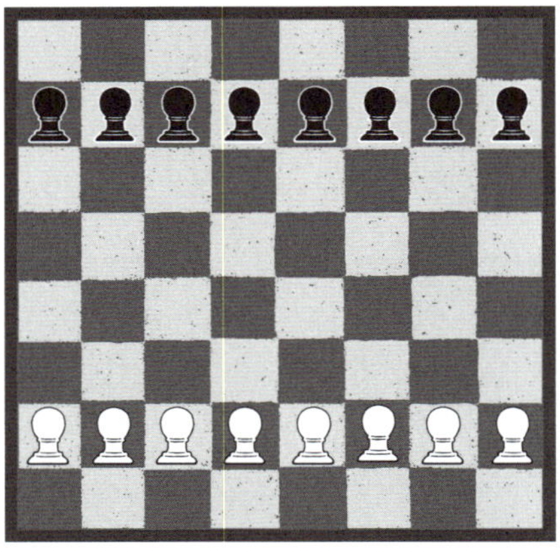

2. 나이트 게임

폰 게임과 마찬가지로 백이 먼저 움직이며 서로 한 번씩 번갈아 차례로 기물을 움직입니다. 상대방 폰을 모두 잡는 쪽이 승리합니다. 이 게임에서는 나이트를 과감하게 활용해야 합니다. 그래야 나이트가 상대방 폰을 잡고 재빨리 빠져나올 수 있습니다.

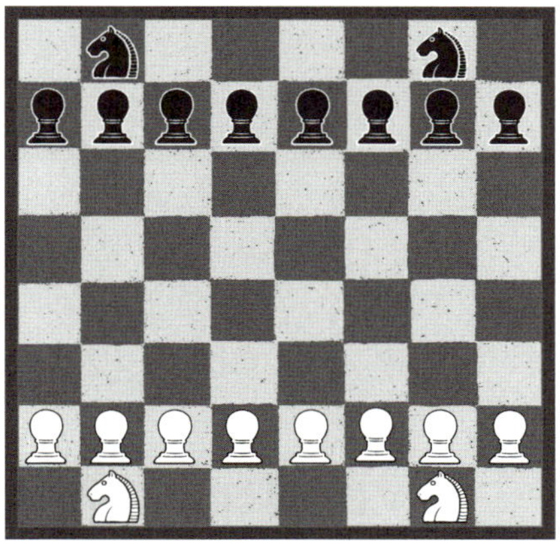

3. 룩과 비숍 게임

상대방 룩이나 비숍을 먼저 잡으면 승리하는 게임입니다. 역시 백이 먼저 움직이며 그다음에는 서로 번갈아 기물을 움직입니다. '터치 무브 규칙'을 기억하나요? 언제든 다음 수를 두기 전에는 무턱대고 기물을 잡을 게 아니라 신중히 생각부터 해야 합니다.

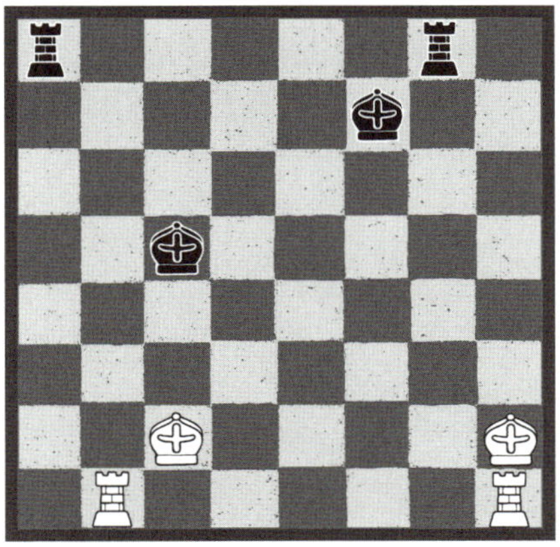

2장 기보 읽고 쓰기 그리고 체크메이트

CHESS FOR CHILDREN

우리는 체스에 어떤 기물들이 있으며 그것들을 어떻게 움직여야 하는지를 배웠습니다. 매우 유익한 시간이었습니다. 체스의 기본 중에 기본을 배웠으니 말이죠. 이 장에서는 각각의 기물들이 지닌 가치에 대해 알아볼 것입니다. 그리고 기물들의 움직임에 대해 좀 더 깊게 배워 보겠습니다. 체스 게임을 기록해 두는 방법인 기보에 대해서도 공부할 것입니다.

기보는 체스를 둔 내용의 기록을 말합니다.
체스 기보는 배우기 쉽습니다.
기보를 알면 책에 있는 체스 게임들을 따라 둘 수도 있고
나만의 게임을 기록할 수도 있죠.
게다가 훈련을 하면
눈가리개를 하고도 체스 게임을 할 수 있습니다.

체스 기보 배우기

체스에는 기물들의 움직임을 기록하는 기보법이 있습니다. 체스 기보를 읽고 써봅시다.

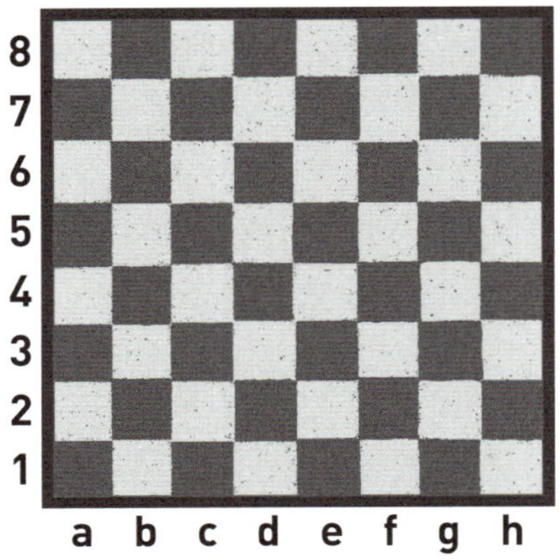

옆 체스판 주위에 좌표가 있습니다. 파일(세로줄)은 알파벳 **a, b, c, d, e, f, g, h**로 표시합니다. 그리고 랭크(가로줄)는 백에 가까운 쪽부터 **1, 2, 3, 4, 5, 6, 7, 8**로 표시합니다.

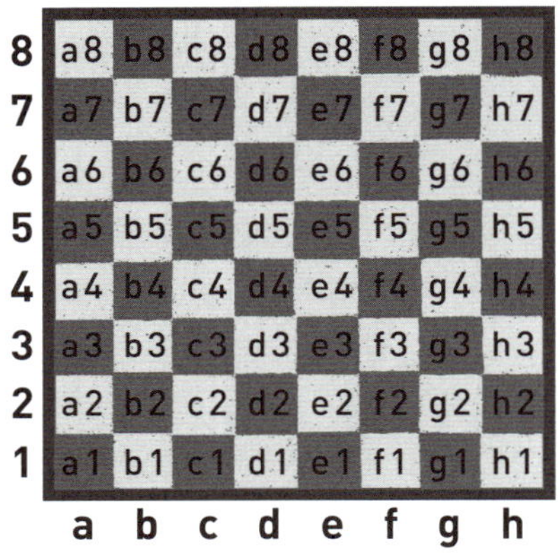

이러한 좌표 시스템의 장점은 옆 그림에서 볼 수 있듯 **모든 칸에 이름이 주어진다는** 점입니다. 모든 칸에 각기 이름이 있으므로 기물이 어디로 움직였는지 표시하기가 매우 쉽습니다.

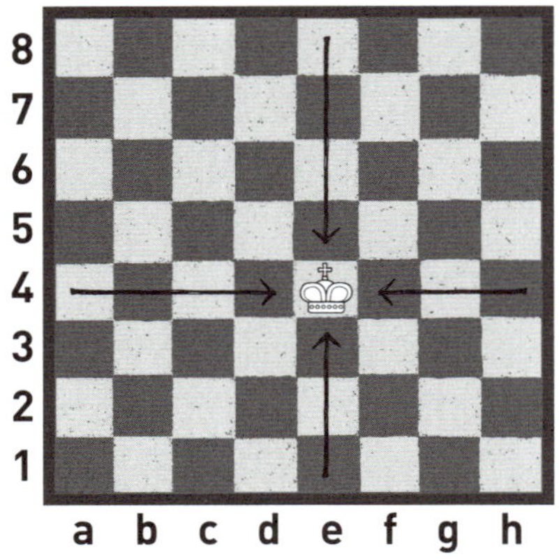

옆 그림에서 백 킹이 어디에 있는지 알아봅시다. 누구라도 금세 알 수 있을 것입니다. 화살표의 도움을 받아 확인해 보면, 백 킹은 **e-파일**에 있으며 **4번 랭크**에 있는 것을 알 수 있습니다. 그러므로 백 킹은 **e4**에 있습니다.

체스 기보 연습하기

체스판 위에 기물이 있습니다. 어느 자리에 있는지 알아봅시다.

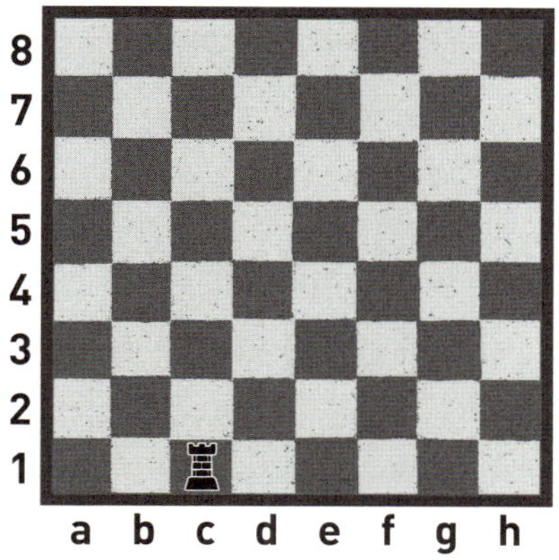

흑 룩은 어디에 있습니까?

흑 룩은 c-파일에 있습니다.

흑 룩은 1번 랭크에 있습니다.

따라서 흑 룩은 **c1**에 있습니다.

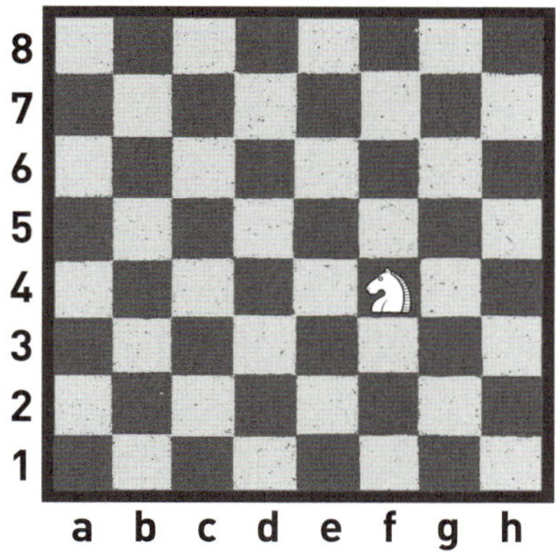

백 나이트는 어디에 있습니까?

백 나이트는 f-파일에 있습니다.

백 나이트는 4번 랭크에 있습니다.

따라서 백 나이트는 **f4**에 있습니다.

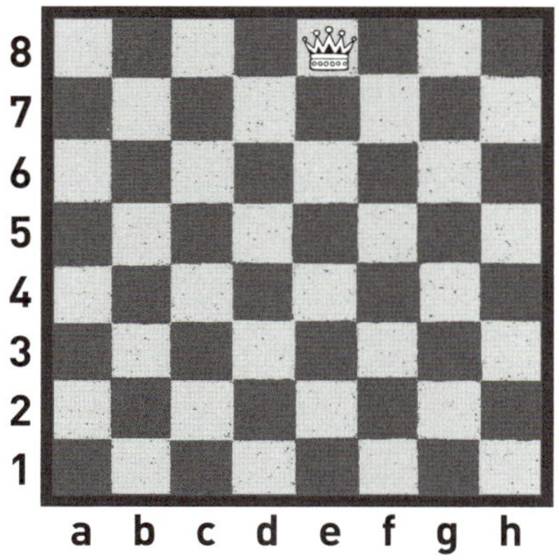

백 퀸은 어디에 있습니까?

백 퀸은 e-파일에 있습니다.

백 퀸은 8번 랭크에 있습니다.

따라서 백 퀸은 **e8**에 있습니다.

대수 기보법

대수 기보법은 전 세계에서 사용되고 있습니다. 심지어 러시아어로 된 체스 잡지의 기보도 이 방법으로 읽을 수 있습니다. 약간 다른 방식을 쓰는 영국식 기보법도 한때 널리 쓰인 적이 있습니다. 그러나 요즘은 대부분의 사람들이 보다 편리한 대수 기보법을 사용합니다.

Event *USA Championship*			Date *2002*		
White *A. Shabalov*					
Black *L. Christiansen*					
Opening			Opponents Grade		
1	*d4*	*Nf6*	21	*Qc2*	*Rd6*
2	*c4*	*e6*	22	*Re1*	*Ng6*
3	*Nf3*	*b6*	23	*b4*	*h6*
4	*Nc3*	*Bb7*	24	*Nd4*	*Nh4*
5	*a3*	*d5*	25	*b×c5*	*R×c5*
6	*c×d5*	*e×d5*	26	*Qd3*	*N×g2*
7	*g3*	*Bd6*	27	*K×g2*	*Qh4*
8	*Bg2*	*0–0*	28	*Kg1*	*N×f2*
9	*0–0*	*Nbd7*	29	*Qf1*	*R×c1*
10	*Bf4*	*B×f4*	30	*R×c1*	*Ne4*
11	*g×f4*	*c5*	31	*N×e4*	*d×e4*
12	*e3*	*Rc8*	32	*Qf2*	*Qh5*
13	*Rc1*	*Ne4*	33	*f5*	*Kh7*
14	*Ne2*	*Qe7*	34	*Qf4*	*Rf6*
15	*Ng3*	*Rfd8*	35	*Rf1*	*Bh3*
16	*Bh3*	*Rc7*	36	*Rc1*	*B×f5*
17	*Qe2*	*Nf8*	37	*N×f5*	*R×f5*
18	*Rfd1*	*Bc8*	38	*0*	*1*
19	*Bg2*	*Bg4*	39		
20	*d×c5*	*b×c5*	40		

옆에 있는 표는 대표적인 체스 기보 작성의 한 예입니다. 중요한 대회에서 모든 선수들은 대국 도중 옆 그림처럼 기보를 적어야 합니다. 이 게임(USA 선수권, 시애틀에서 개최)은 37수 만에 끝났습니다. 백이 기권하여 흑이 승리했는데, 고수들 사이의 게임은 보통 한쪽의 기권으로 끝나는 경우가 많습니다. 희망이 없다고 생각되면 언제든지 기권할 수 있습니다.

체스 기보 읽고 쓰기 1

기물의 움직임을 표현하려면 기물이 도착한 자리만 표시하면 됩니다. 물론 움직인 기물의 이름도 표시합니다. 아래 그림에서 화살표로 표시된 수는 ♕b6입니다. 퀸이 b6 자리로 이동했다는 뜻입니다.

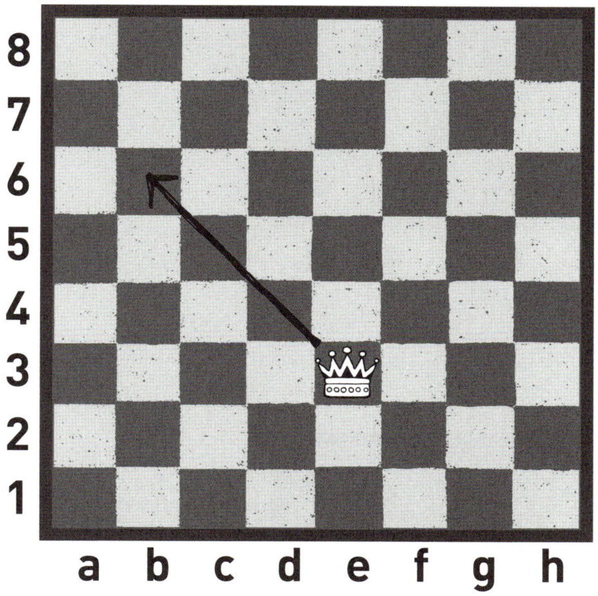

보통 체스 서적에서는 ♕과 같은 작은 퀸 모양의 기호가 사용됩니다. 그러나 손으로 직접 기보를 적을 때는 이런 기호를 그리기보다 Q자를 쓰는 것이 훨씬 편리합니다. 다음은 각 기물을 표시하는 약자입니다.

나이트: **N**　　퀸: **Q**　　비숍: **B**　　킹: **K**　　룩: **R**

폰은 기호도 약자도 없습니다. 자세한 것은 뒤에서 곧 설명할 것입니다. 나이트는 첫 글자가 **K**이지만 킹의 **K**와 혼동되므로 발음상 비슷한 **N**자를 사용합니다.

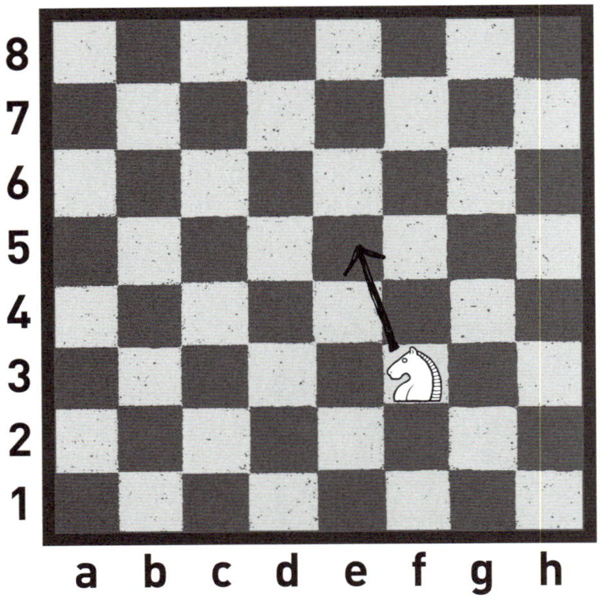

옆 체스판을 보고 연습해 봅시다. 그림의 화살표로 기물을 움직이면 백 나이트가 e5 자리로 이동합니다. **♘e5**라고 책에서는 표시합니다. 직접 손으로 쓸 때는 **Ne5**라고 씁니다.

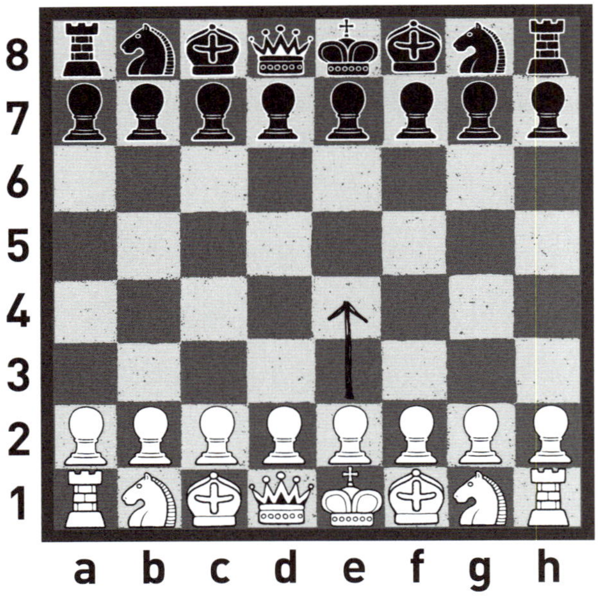

폰을 표시하는 특별한 기호는 없습니다. 폰은 전진만 할 수 있기 때문에 다른 폰과 헷갈리는 경우가 거의 없습니다. 다만 몇 번째 놓는 수인지를 표시하기 위해 번호를 적습니다. 옆 그림에서 화살표로 표시된 수는 **1 e4**로 적습니다. 이것은 백이 **첫 번째** 수로 백 폰을 **e4** 자리로 이동시켰다는 뜻입니다. 다음 쪽에 있는 그림이 그 결과입니다.

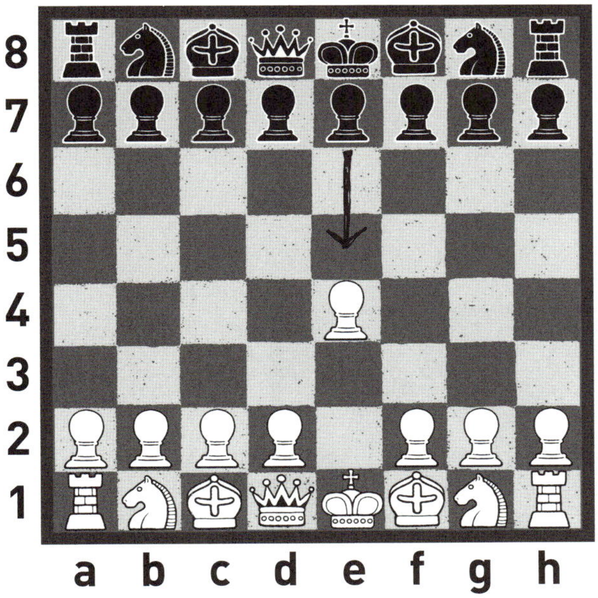

앞서 백 폰이 이동했으니 이제 흑이 둘 차례입니다. 흑이 자신의 폰을 e5 자리로 이동시키려 합니다. 이 수를 표기할 때는 백이 둔 수 옆에 적습니다. 그러므로 지금까지의 모든 수를 표시하면 아래와 같습니다.

1 e4 e5

다음 그림에서 기물들이 움직인 결과를 확인할 수 있습니다.

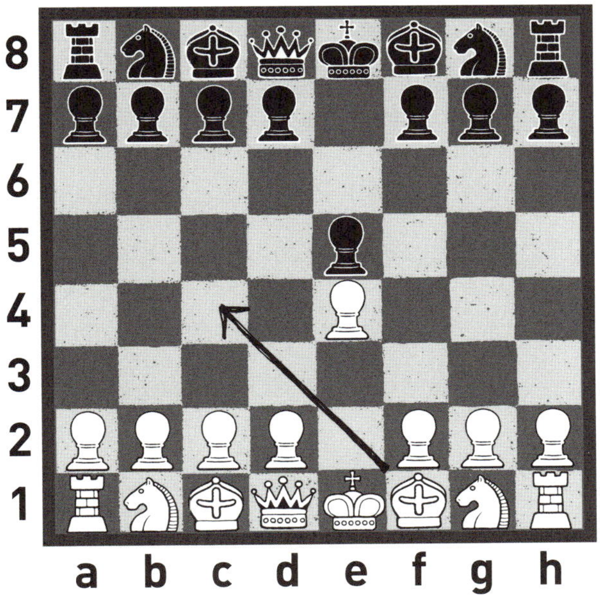

흑과 백, 양쪽이 각기 1수씩 두었습니다. 이제 2번째 수를 두어야 합니다. 백 비숍이 **c4** 자리로 움직이려 합니다. 그러면 지금까지의 기보를 정리하면, 다음과 같습니다.

1 e4 e5

2 ♗c4

체스 기보 읽고 쓰기 2

지금까지 대수 기보법으로 쉽게 체스를 기록하는 방법을 배웠습니다. 이제 상대방의 기물을 잡을 때 사용하는 기호도 배워 봅시다. 이 역시 앞서 배운 기호가 바탕이 되는 것이니만큼 어렵지 않게 익힐 수 있습니다.

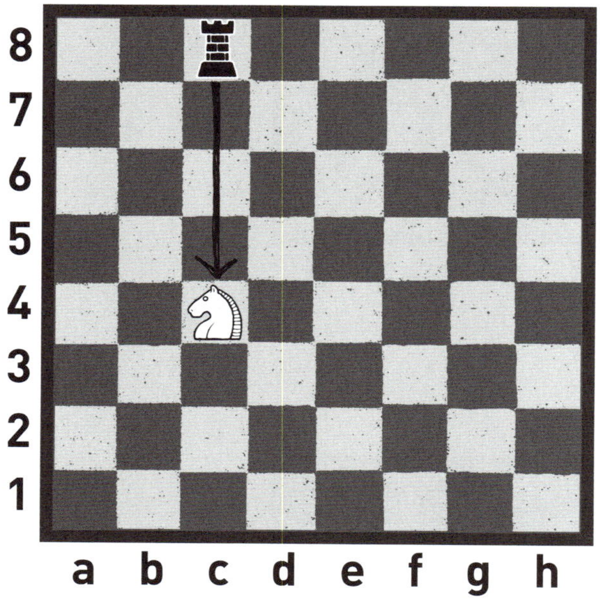

상대방 기물을 잡았을 때는 작은 × 표시를 합니다. 예를 들어 위 그림에서 흑 룩이 백 나이트를 잡는다면 아래와 같이 표시합니다.

1... ♜×c4

1 뒤에 점 3개가 있는 것이 보일 것입니다. 이 표시는 흑이 기물을 움직일 차례였다는 사실을 알려줍니다. 이를 통해 흑이 둘 차례였는지 아니면 백이 둘 차례였는지를 알 수 있습니다.

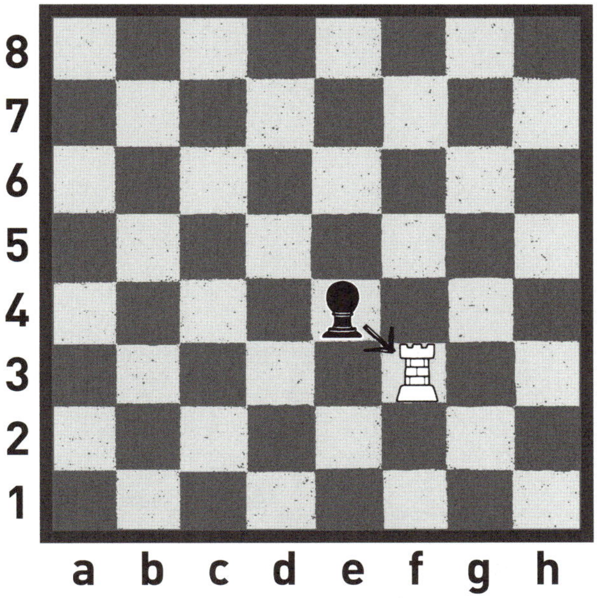

옆 그림에서 흑 폰이 백 룩을 잡는다면 기보법으로 아래와 같이 표시합니다.

1... e4×f3

이는 흑 폰이 e-파일에서 출발하여 f3에 있는 백 룩을 잡았다는 것을 뜻합니다.

이 그림에서는 흑 비숍을 잡을 수 있는 백 룩이 2개나 보입니다. 그러므로 ♖**×g7** 이렇게 적으면 안 됩니다. **1 ♖d×g7**이라고 표시해야 어느 룩이 움직였는지를 알 수 있습니다. 이 표기는 d-파일에 있는 백 룩이 **g7**에 있는 흑 비숍을 잡았다는 것을 알려줍니다.

연습 문제 : 5

자, 지금까지 폰과 나이트의 움직임을 모두 배웠습니다. 그렇다면 다음 문제에 답해 봅시다.

1. 첫 수로 백이 d-폰을 d4 자리로 2칸 전진시켰습니다. 체스 기보로 적어 보세요.

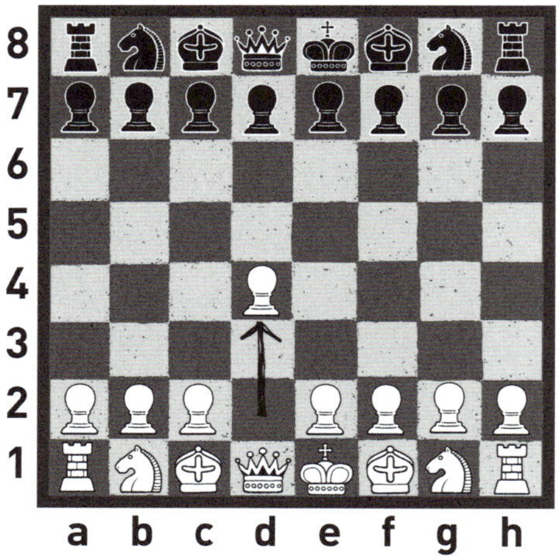

2. 화살표로 표시된 흑 룩의 움직임은 기보로 어떻게 표시할까요?

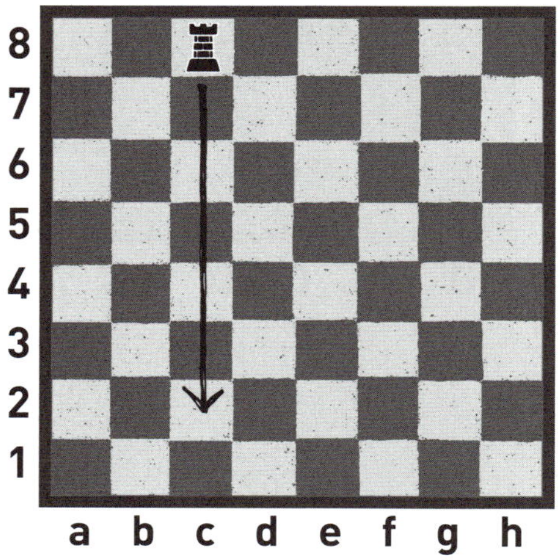

3. 백 나이트가 흑 폰을 잡으려고 합니다. 기보로 적어 보세요.

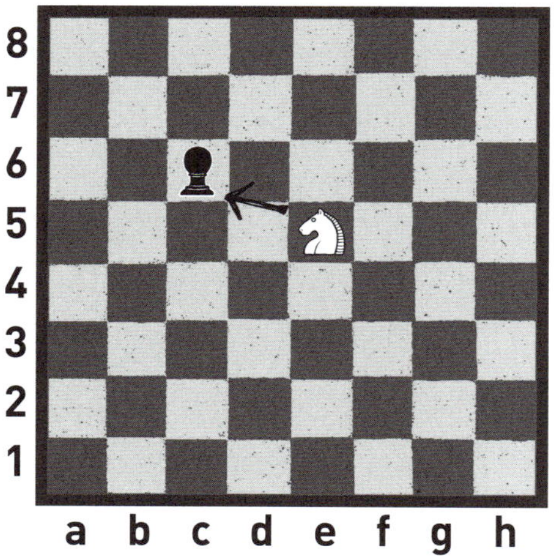

4. 흑 비숍이 백 퀸을 잡으려고 합니다. 기보로 적어 보세요.

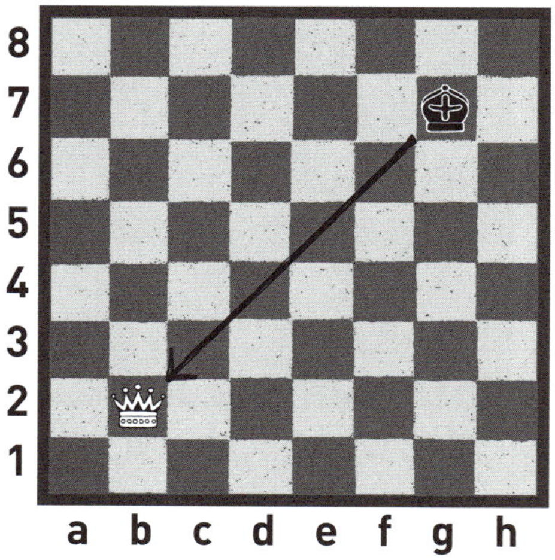

해답: 155쪽

가치가 다른 기물들

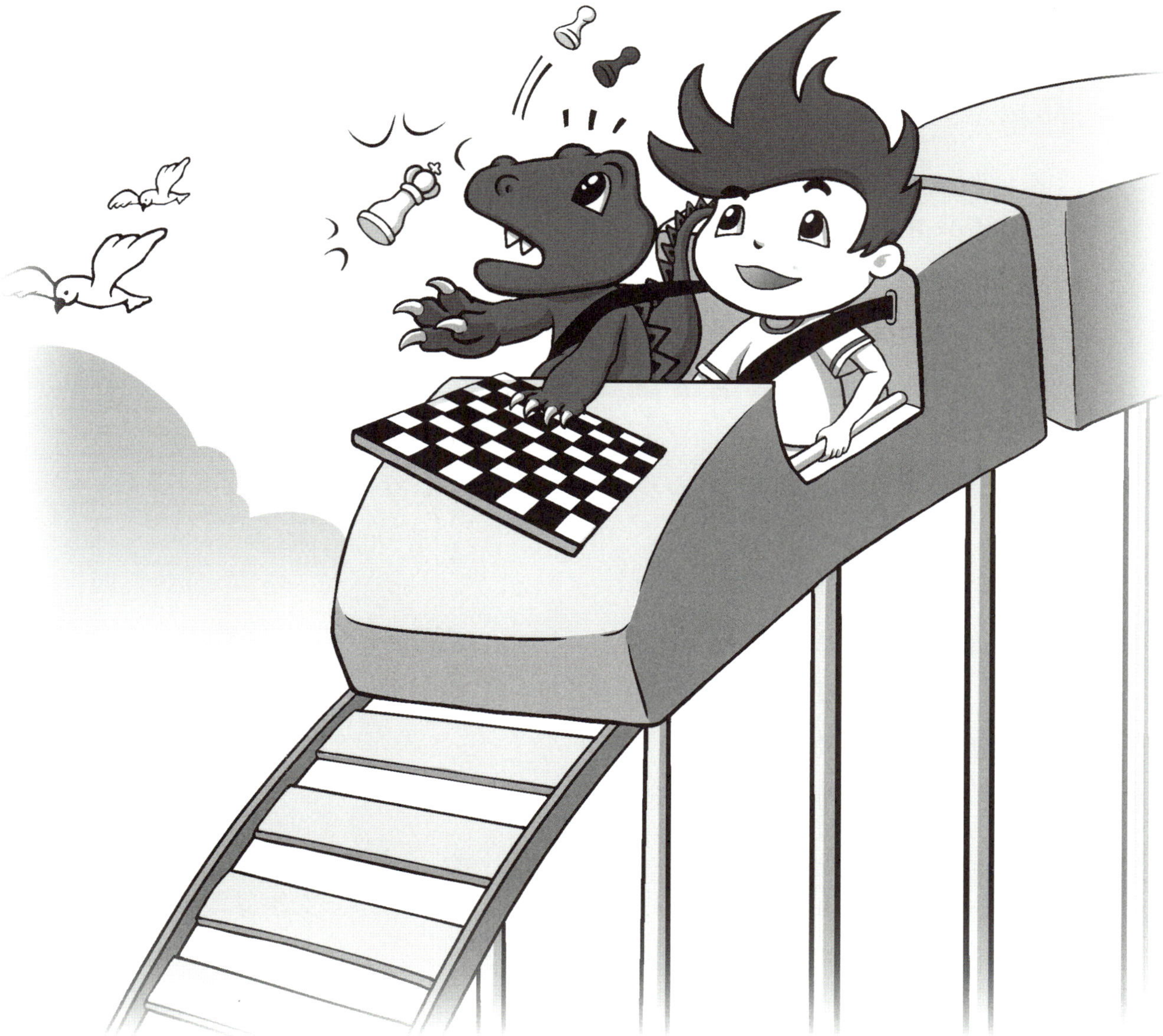

체스를 할 때 중요한 기물을 잃지 않도록 노력해야 합니다.
내 기물을 잃지 않고 상대방의 기물을 뺏을 수 있다면 쉽게 승리할 수 있습니다.

기물의 가치 1

우리는 각 기물들이 서로 다른 방법으로 움직인다는 것을 이미 배웠습니다. 룩이나 퀸은 다른 기물들에 비해 보다 신속하게 움직이며 멀리 갈 수 있습니다. 그러니 룩이나 퀸은 당연히 다른 기물들보다 더 중요합니다. 다음은 기물들의 가치를 폰에 비교해서 정리했습니다.

나이트 = 폰 3개
비숍 = 폰 3개
룩 = 폰 5개
퀸 = 폰 9개

폰이 아닌 다른 기물들과의 비교도 가능합니다. 간략히 정리해 보았습니다. 아래를 참조하세요.

비숍 = 나이트
룩 = 비숍 또는 나이트 + 폰 2개
비숍 + 나이트 = 룩 + 폰 1개
룩 + 룩 = 퀸 + 폰 1개

킹은 가치를 매길 수가 없습니다. 너무 중요하기 때문입니다. 킹을 잃으면 게임에서 패하니까요. 그러므로 킹은 폰 **100개** 이상의 가치를 가지고 있다고 할 수 있습니다.

● 마이너 기물

나이트와 비숍은 마이너 기물이라고도 불립니다. 각기 **폰 3개**의 가치를 지녔습니다. 그러나 이 기물들의 이동 방식은 전혀 다릅니다. 비숍은 대각선을 따라 먼 길을 한 번에 달립니다. 반면 나이트는 비숍보다 멀리 갈 수는 없지만 특별한 점이 있죠. 바로 다른 기물을 뛰어넘을 수 있는 능력입니다. 또한 나이트는 L자 모양으로 움직여 여러 개의 상대방 기물을 동시에 공격하는 데에 유용합니다.

● 메이저 기물

룩은 폰 5개, **퀸**은 폰 9개의 가치가 있습니다. 이 때문에 룩과 퀸은 메이저 기물이라고 불립니다. 이들은 매우 강력한 기물들로 체스판 위의 넓은 공간을 마음껏 돌아다닐 수 있습니다. 그러므로 이 기물들을 쉽게 빼앗기지 않도록 조심해야 합니다.

● 왜 기물의 가치가 중요할까?

각 기물의 가치가 어느 정도 되는지를 아는 일은 매우 중요해서 반드시 암기해 두는 것이 좋습니다. 그렇다면 왜 기물의 가치가 그만큼 중요한 걸까요? 여러분이 이미 잘 알고 있다시피 체스에서 각 기물이 갖고 있는 능력에는 많은 차이가 있습니다. 따라서 단순히 기물을 많이 가지고 있다고 해서 게임에 유리한 것은 아닙니다. 당연히 체크메이트를 해야 게임에서 이기지만 대부분은 좋은 기물을 많이 가지고 있어야 이길 수 있습니다. 기물의 가치를 잘 계산해서 상대방의 기물을 잡거나 교환할 때 이득을 볼 수 있어야 합니다.

기물의 가치 2

이제 각 기물의 가치를 배웠으므로 어떤 기물들을 가지고 어떻게 교환을 해야 이득이 되는지를 알 수 있을 것입니다. 아래의 체스판을 봅시다.

위와 같은 상황에서 1 ♗×a8 ♜×a8로 게임을 진행하면 백은 흑 룩을 잡지만, 그 결과 비숍을 잃어버립니다. 앞에서 우리는 비숍이 폰 3개, 룩이 폰 5개의 가치를 지녔다고 배웠습니다. 그러므로 이 수는 당연히 백에게 이득입니다. 그럼, 다른 상황을 연출하고 있는 오른쪽의 체스판을 살펴보겠습니다.

화살표가 가리키는 대로 백이 퀸으로 흑 나이트를 잡아야 할까요? 절대 안 됩니다. 1♕×c6 하면 흑은 1…b×c6을 할 것입니다. 폰 9개에 해당하는 퀸이 고작 폰 3개짜리 나이트 때문에 희생되는 결과를 맞이할 수 있습니다. 이런 손해를 감수하면서 게임을 진행한다면 백은 결코 승리할 수 없습니다.

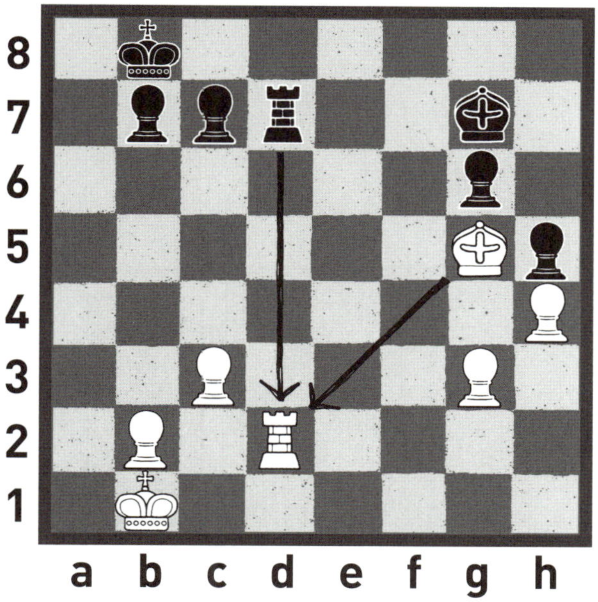

1…♜×d2 2 ♔×d2는 동등한 교환입니다. 흑이 룩 1개를 잃지만 백도 룩 1개를 잃기 때문입니다. 서로 룩 1개씩을 잃었기에 이 교환에는 어느 쪽도 득이나 실이 없습니다. 이런 식의 교환은 체스 게임에서 매우 흔하게 일어납니다.

연습 문제 : 6

각 기물의 가치를 잘 알고 있는지 점검하는 문제입니다.

1. 1 ♘×e5 d×e5를 하면 백에게 이득일까요? 아니면 손해일까요?

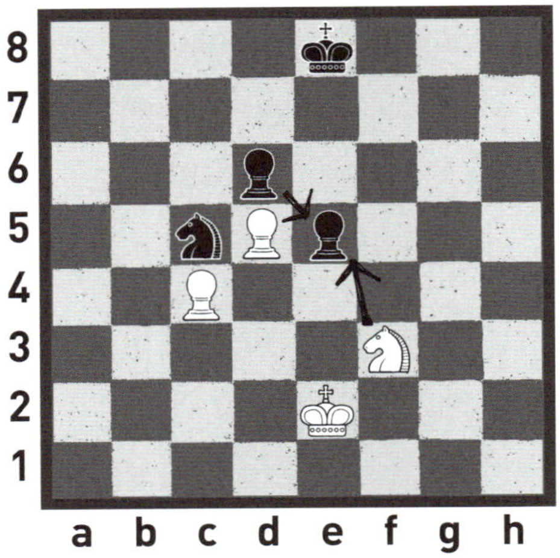

2. 1 ♗×g7 ♚×g7을 하면 백 비숍과 흑 비숍을 맞교환됩니다. 백에게 이득일까요?

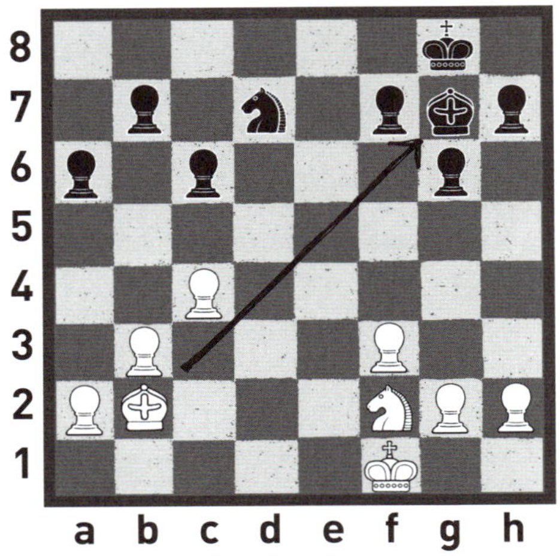

3. 흑 나이트는 백 비숍을 잡아야 할까요? 아니면 백 룩을 잡아야 할까요?

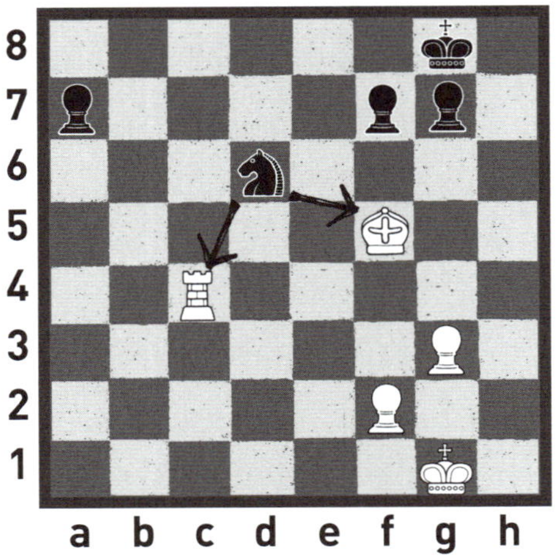

4. 백은 1 ♕×a8 ♛×a8로 백 퀸과 흑 룩을 교환할 수 있습니다. 백에게 이득일까요?

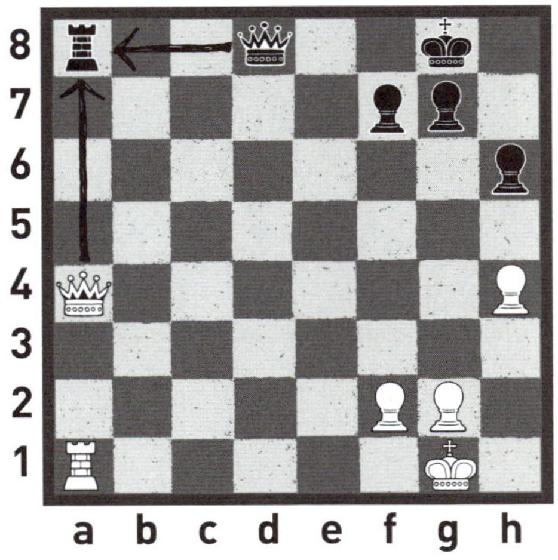

해답: 155쪽

기물을 잡는 법을 알아보자

체스 실력을 빨리 키우는 비결은 친구들과 되도록 게임을 많이 하는 것입니다.
어디서든 누구와도 할 수 있는 게임이 바로 체스입니다.

비숍으로 기물을 잡는 법

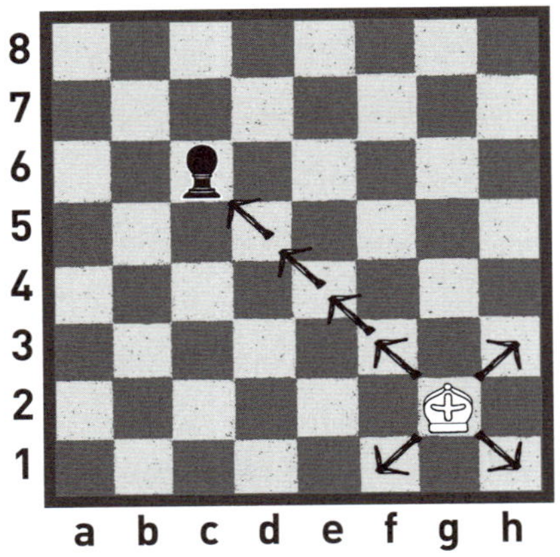

옆 그림에서 백 비숍이 갈 수 있는 곳은 모두 어디인가요? 정답은 f1, h1, h3, f3, e4, d5입니다. 이 비숍은 c6의 흑 폰을 잡을 수도 있습니다. 기보에는 이렇게 적습니다. **1 ♗×c6**

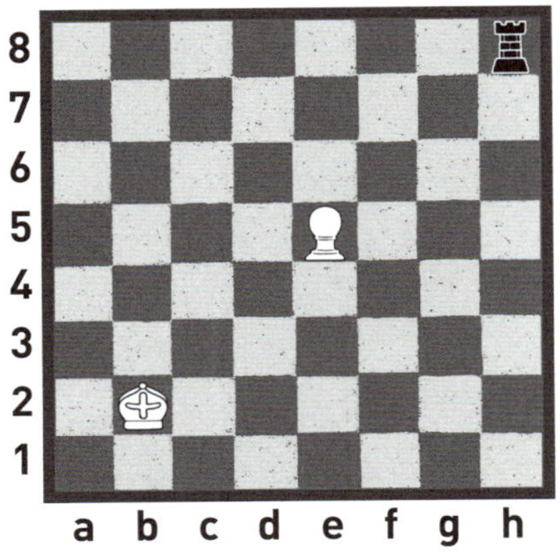

흑 룩이 백 비숍과 같은 대각선상에 있습니다. 비숍으로 흑 룩을 잡을 수 있나요? 아닙니다! e5에서 백 폰이 길을 가로막고 있습니다. 비숍은 같은 편이더라도 다른 기물을 **뛰어넘을 수 없습니다.**

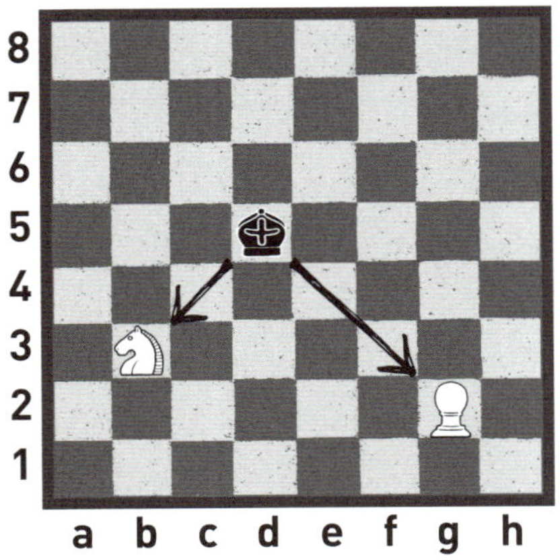

옆 그림에서 흑 비숍은 백 폰을 잡을 수 있습니다. 기보에는 이렇게 적습니다. **1...♝×g2** 또 비숍으로 백 나이트를 잡을 수도 있죠. 기보에는 이렇게 적습니다. **1...♝×b3**

룩으로 기물을 잡는 법

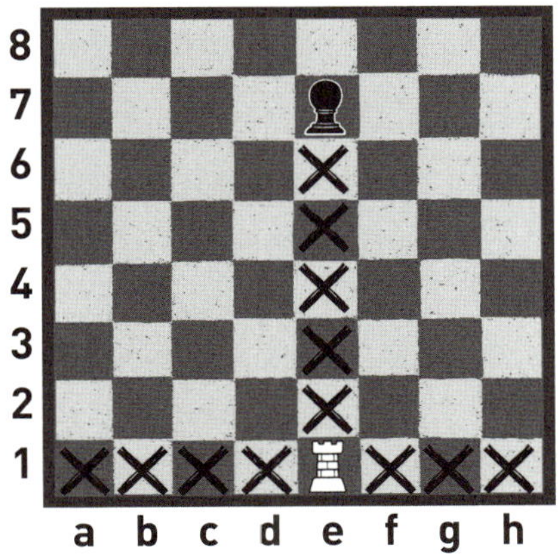

룩은 직선으로 파일 또는 랭크를 따라 움직입니다. 먼 거리를 이동할 수 있으므로 백 룩은 ×로 표시된 곳으로 움직일 수 있습니다. 룩으로 흑 폰을 잡으면 **1 ♖×e7**로 표기합니다.

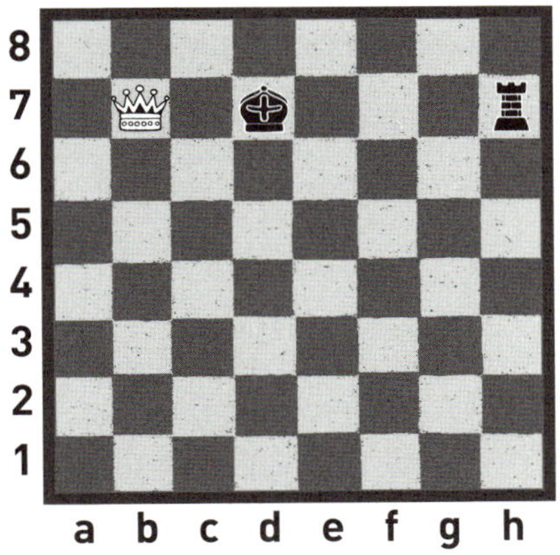

옆 그림에서 흑 룩이 백 퀸을 공격하고 있을까요? 아닙니다! 흑 비숍이 길을 가로막고 있기 때문에 백 퀸을 공격할 수 없습니다.

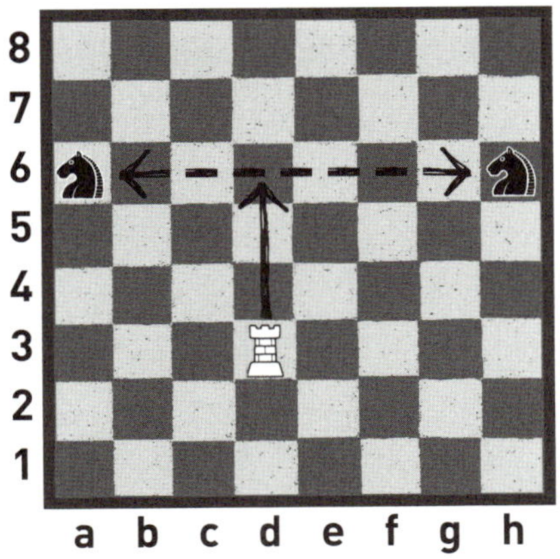

옆 그림에서 백은 룩으로 흑 나이트 2개를 동시에 공격할 수 있습니다. 이때 표기는 **1 ♖d6**입니다.

퀸으로 기물을 잡는 법

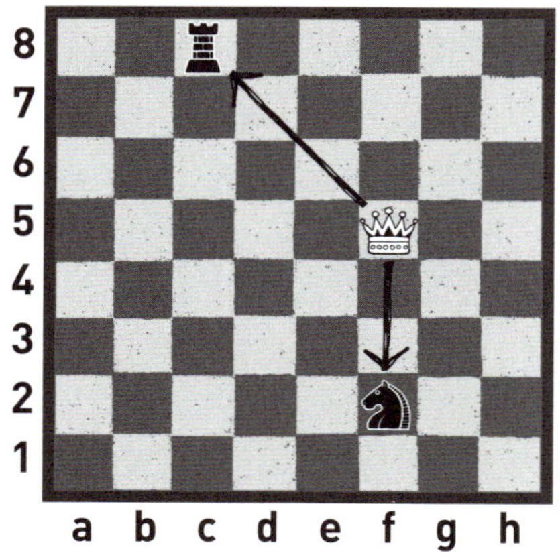

퀸이 앞은 물론 뒤와 직선, 대각선으로도 움직일 수 있다는 것을 기억하시나요? 옆 그림에서 백 퀸은 흑 룩을 잡을 수 있습니다. 이때 기보 표기는 **1 ♕×c8**입니다.

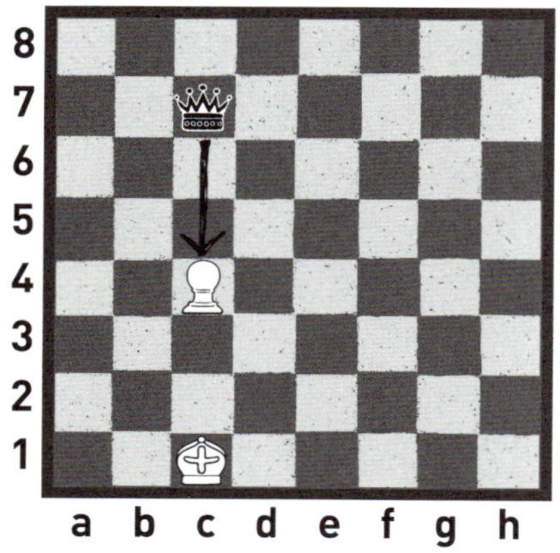

퀸은 다른 기물을 뛰어넘을 수 없습니다. 따라서 흑 퀸이 백 폰을 잡을 수는 있어도 백 비숍을 잡을 수는 없습니다. 백 폰이 중간에 가로막고 있기 때문입니다.

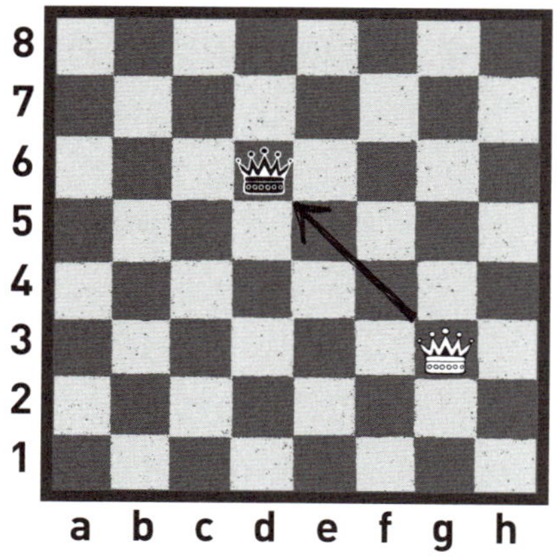

여기 재미있는 상황이 발생했습니다. 백 퀸과 흑 퀸이 서로를 공격하고 있네요. 흑 차례라면 흑 퀸이 백 퀸을 잡을 수 있습니다. 하지만 백 차례군요. 백이 먼저 움직여 흑 퀸을 잡습니다. 표기는 **1 ♕×d6**입니다.

킹으로 기물을 잡는 법

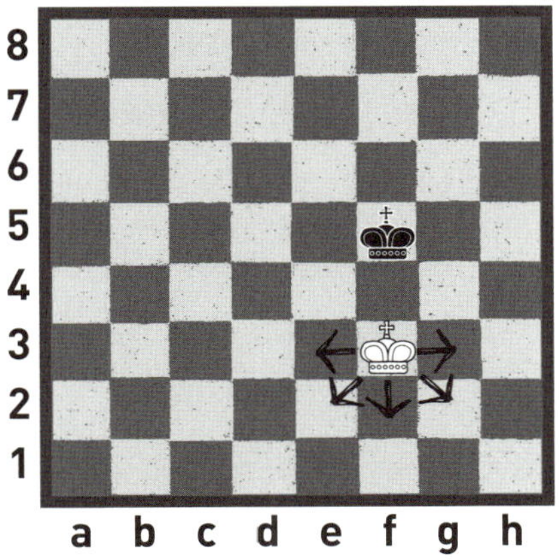

백 킹이 f3에 있습니다. 백 킹은 e2, e3, f2, g2, g3으로 이동할 수 있습니다. 그리고 e4, f4, g4로는 전진할 수 없습니다. **킹은 절대 서로 맞붙을 수 없다**는 점을 명심해야 합니다. 킹으로는 체크를 할 수 없습니다!

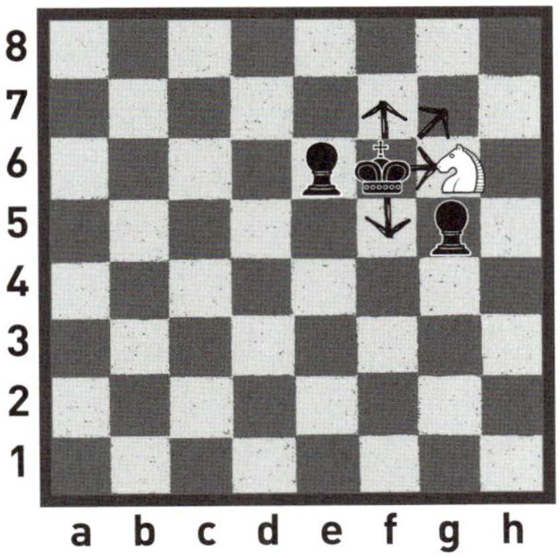

흑 킹이 f6에 있습니다. **1...♚×g6** 하면 흑 킹으로 백 나이트를 잡을 수 있습니다. 아니면 f7, g7 또는 f5로 이동할 수도 있습니다. 그러나 e7이나 e5 자리는 백 나이트가 공격할 수 있으므로 갈 수 없습니다.

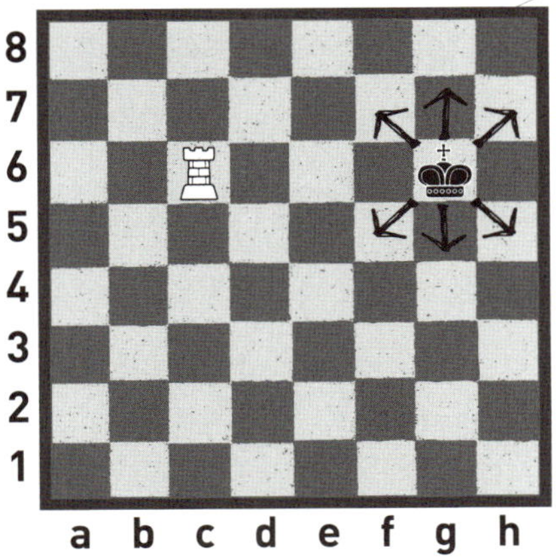

옆 그림을 보면 흑 킹이 백 룩으로부터 공격(체크)을 받았습니다. 그러나 흑 킹이 체크를 피할 수 있는 곳이 6군데나 되므로 별문제 없습니다. 흑 킹은 f7, g7, h7, f5, g5, h5로 움직일 수 있습니다.

폰으로 기물을 잡는 법

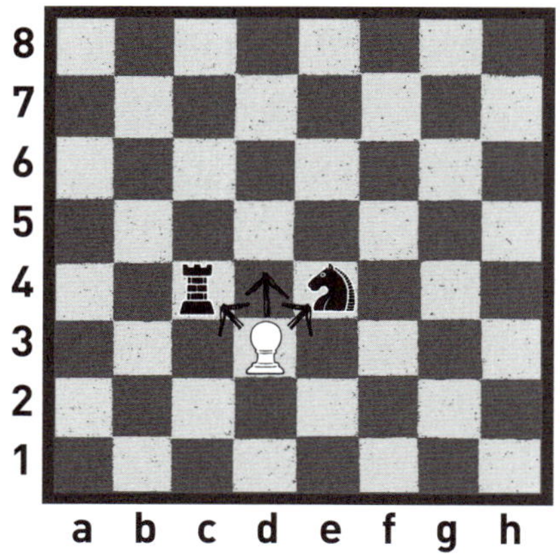

옆 그림에서 백 폰은 3가지 선택을 할 수 있습니다. 그냥 앞으로 전진하거나(**1 d4**) 대각선으로 흑 룩을 잡습니다(**1 d×c4**). 또는 대각선으로 흑 나이트를 잡을 수도 있습니다(**1 d×e4**).

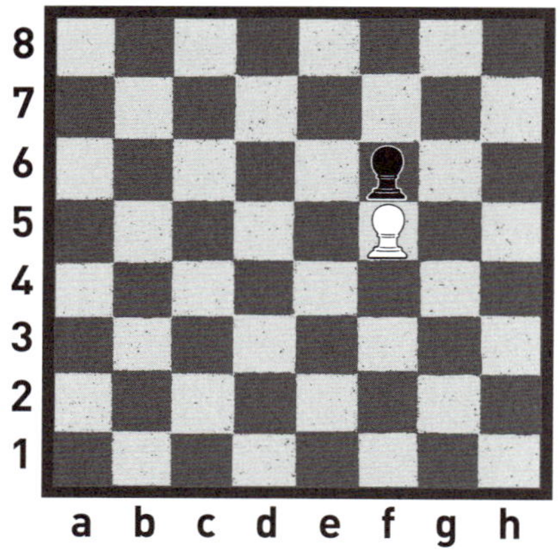

백 폰이 움직일 수 있는 곳은 몇 군데일까요? f5에 있는 백 폰은 흑 폰에게 앞길이 가로막혀 있습니다. 폰은 대각선 1칸 앞에 있는 상대방의 기물만 잡을 수 있으므로 백 폰으로 흑 폰을 잡을 수도 없습니다. 백 폰은 전혀 움직일 수 없는 상황입니다.

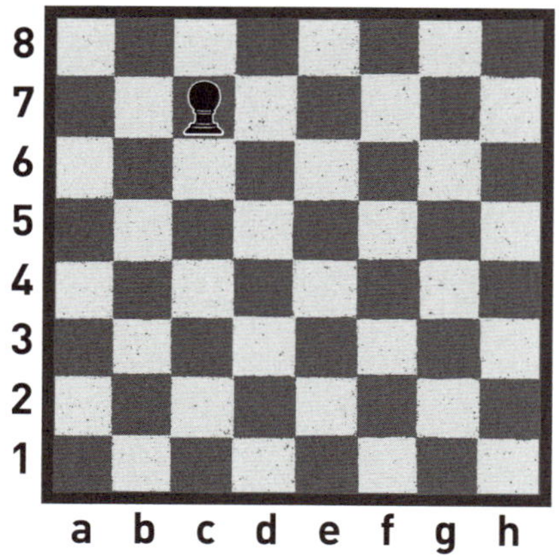

일반적으로 폰은 앞으로 1칸씩만 움직일 수 있지만, 옆 그림의 흑 폰은 원래 시작 위치에서 움직인 적이 없습니다. 그러므로 이때의 흑 폰은 1칸만 움직이거나(**1...c6**) 2칸을 이동할 수도 있습니다(**1...c5**).

나이트로 기물을 잡는 법

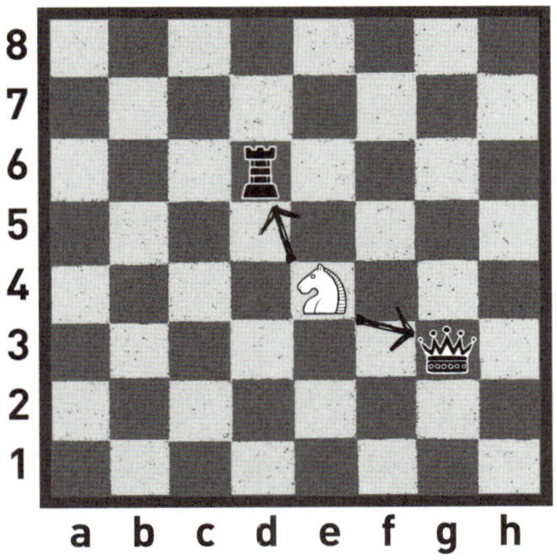

나이트는 L자 모양으로 움직인다는 것을 기억할 것입니다. 나이트가 움직이려는 곳에 상대방 기물이 있다면 그 기물을 잡으면서 이동할 수 있습니다. 옆 그림에서 백 나이트는 흑 룩을 잡을 수 있습니다(**1 ♘×d6**). 또 흑 퀸을 잡을 수도 있죠(**1 ♘×g3**).

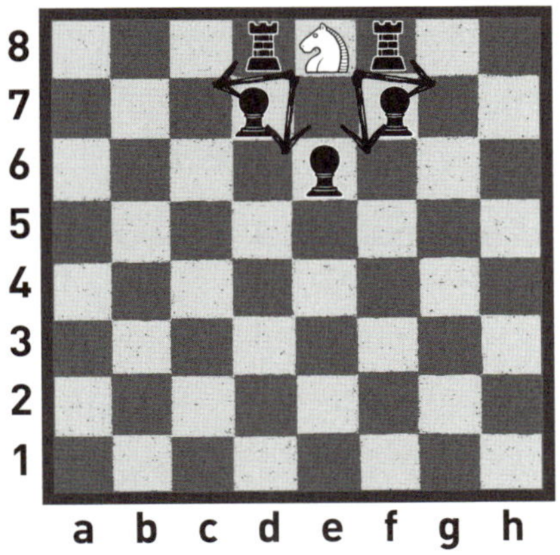

나이트는 독특하게도 다른 기물들을 뛰어넘을 수 있습니다. 옆 그림에서 백 나이트는 흑 기물들에게 둘러싸였지만, 아무 문제없이 기물들을 뛰어넘을 수 있습니다. 옆 그림에서 나이트는 안전하게 c7, d6, f6, g7로 이동할 수 있습니다.

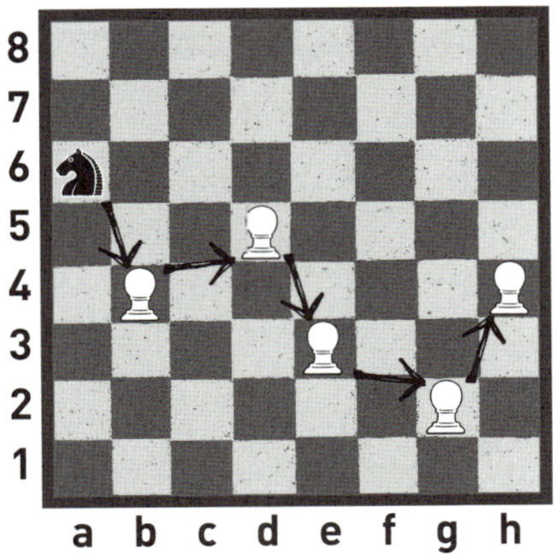

'나이트의 여행'이라는 미니 게임을 통해 나이트로 상대의 기물을 잡는 연습을 해봅시다. 옆 그림에서 흑 나이트로 백 폰 5개를 5수 만에 모두 잡을 수 있는지 시도해 보세요. 물론 실전은 이렇지 않습니다. 혼자만 여러 번 움직이도록 상대방이 놔두지 않을 테니 말이죠.

연습 문제 : 7

다음은 각 기물로 상대의 기물을 잡는 방법을 알아보는 문제입니다. 답은 대수 기보법으로 적으세요.

1. 어떻게 하면 흑이 백 기물을 대가 없이 잡을 수 있을까요?

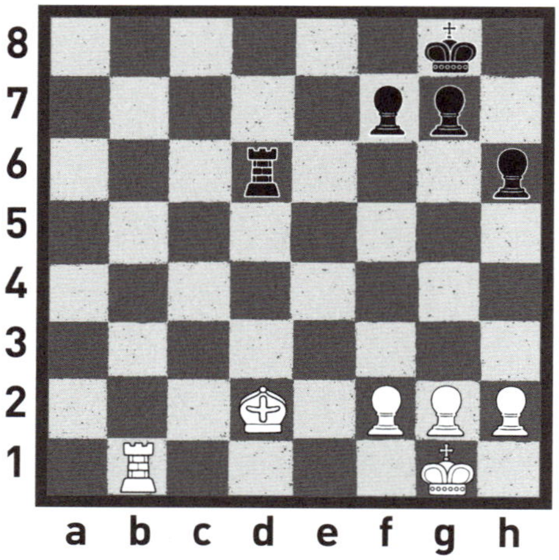

2. 다음에서 흑이 백 기물을 잡을 수 있나요?

3. 백 비숍이 흑 룩 2개를 동시에 공격하려면 어디로 가야 할까요?

4. 백 퀸이 공격할 수 있는 흑 기물 중에서 어느 기물을 잡아야 가장 이득일까요?

해답: 155쪽

체크를 연습해 보자

체스 선수들은 시합 중에 "체크!"라는 말을 할까요? 친구들과의 게임에서 "체크!"라고 큰 소리로 외치는 게 재미는 있지만, 정식 대회에서는 예의가 아닙니다. 우선 상대방과 주변 선수들에게 방해가 되니까요. 그뿐만 아니라 정식 시합에 나올 정도의 실력을 가진 선수들에게 구태여 큰 소리로 체크라고 말하는 것은 무례한 행동입니다.

체크

킹은 매우 중요하므로 킹이 공격받았다는 사실은 매우 중대한 사건입니다. 킹이 상대방 기물이나 폰에게 공격을 받았을 때 '체크'를 받았다고 합니다. 상대방에게 잡히도록 킹을 놔둘 수는 없습니다. 그러므로 킹이 체크를 받으면 **반드시** 킹이 체크에서 벗어나야 합니다. 킹이 체크를 받은 상태를 방치해서는 안 됩니다.

위 체스판에서 흑 킹이 백 폰의 '체크'를 받았습니다. 백 폰이 흑 킹을 공격하고 있는 상황입니다. 그러나 이 상황은 흑에게 심각한 문제가 되지는 않습니다. 흑 킹이 다른 곳으로 움직이거나 상대방 폰을 잡을 수 있기 때문입니다(**1... ♚×e5**).

아래 그림에서 백 킹이 상대방 폰의 체크를 받았으나 아까와는 상황이 다릅니다. 흑 폰을 흑 나이트가 지켜주고 있어 백 킹은 흑 폰을 잡을 수 없습니다. 결국 백 킹은 다른 곳으로 피할 수밖에 없습니다.

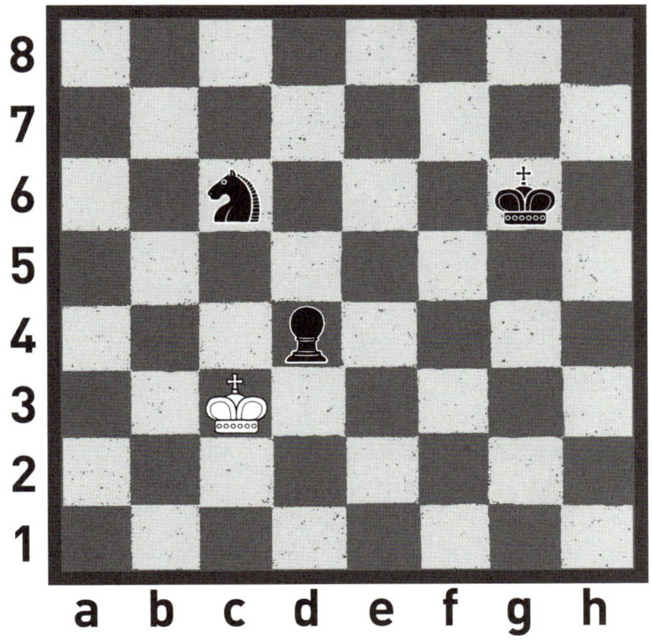

하지만 체크를 받았다고 당황하지는 마세요.
체크에서 벗어나는 방법에는 3가지가 있습니다.

① 안전한 자리로 킹을 **옮긴다.**

② 다른 기물로 킹과 체크하는 상대방 기물 사이를 **가로막는다.**

③ 체크를 유발한 상대방 기물을 **잡는다.**

체크하기와 체크 벗어나기

다음 예시들을 통해 체크에서 벗어나는 방법을 알아봅시다.

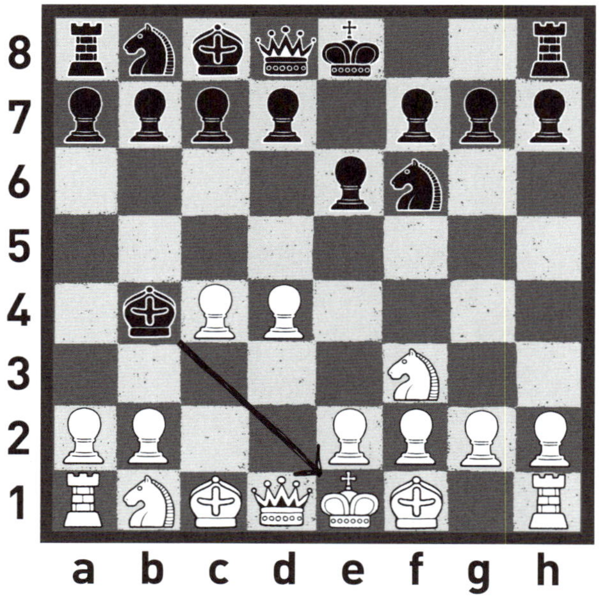

흑 비숍이 백 킹을 체크하고 있습니다. 백이 체크를 벗어나는 방법은 공격을 가로막는 것뿐입니다. 다행히 여기선 쉽게 할 수 있습니다. 백 기물 여러 개가 흑 비숍의 공격 길을 가로막아 체크에서 벗어날 수 있습니다.

옆 그림에서는 백이 나이트로 체크를 가로막았습니다. 이제 c3에서 나이트가 흑 비숍의 공격을 막아주고 있습니다. 이번 흑의 체크는 백에게 별다른 위협이 되지 못했습니다.

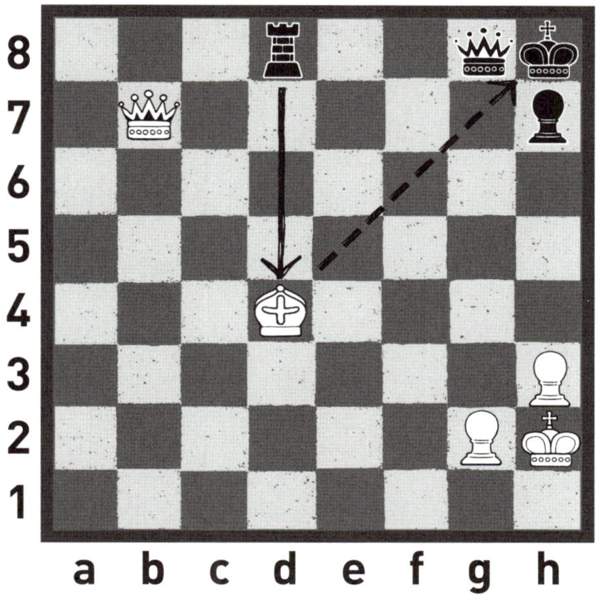

옆 그림에서 흑 킹이 백 비숍의 체크를 받았습니다. 큰 문제가 될 수도 있지만, 여기서는 흑이 쉽게 문제를 해결할 수 있습니다. 1...♜×d4로 흑이 백 비숍을 잡으면 흑 킹은 체크에서 벗어날 수 있습니다.

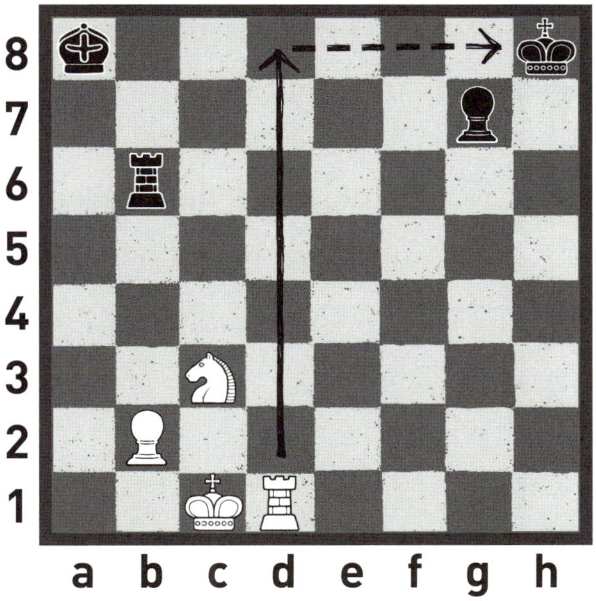

백 룩이 1 ♖d8+로 돌진했습니다. 그러면 흑 킹이 체크가 되는 동시에 흑 비숍도 공격을 받습니다. 이 체크는 흑에게 큰 위협이 될 수도 있습니다. 따라서 흑은 반드시 체크에서 벗어나야만 합니다. 다음 그림을 봅시다.

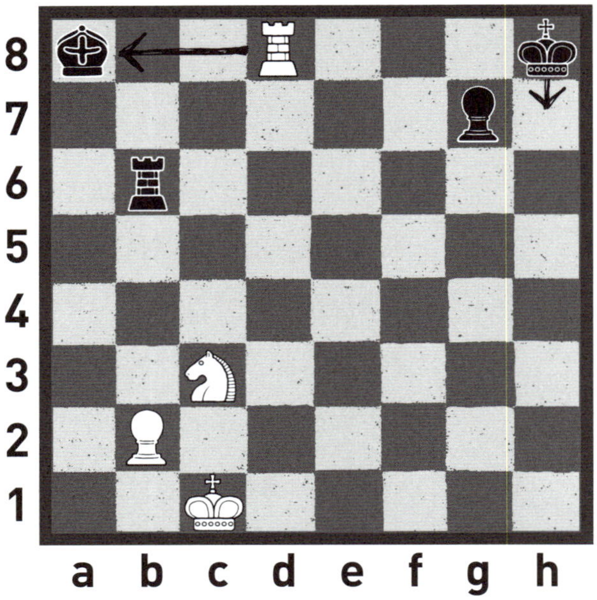

흑이 1...♚h7을 해서 체크에서 벗어나면 백은 2 ♖×a8로 흑 비숍을 잡습니다. 흑은 킹이 체크를 받았기 때문에 **비숍을 살릴 여유가 없습니다.** 이 같은 상황을 피하려면 언제나 체크를 잘 살펴보고 그다음 발생할 수 있는 수들을 예상해야 합니다.

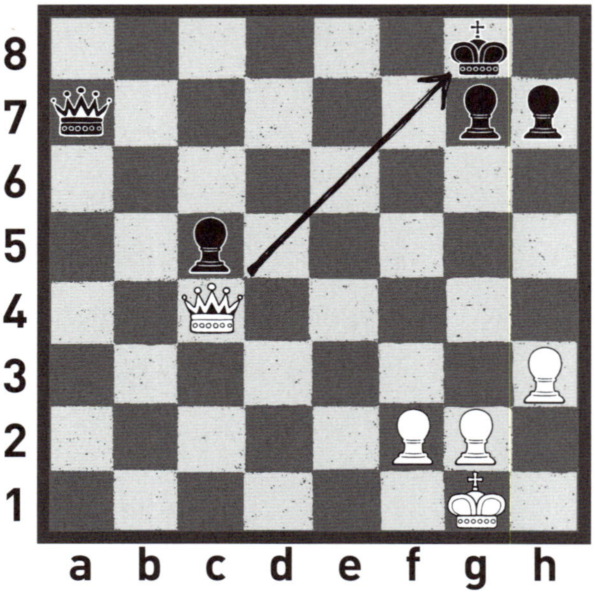

백 퀸이 막 c4로 이동하여 흑 킹을 체크했습니다. 이제 흑 킹은 즉시 체크에서 벗어나야 합니다. 흑 킹이 체크에서 벗어날 방법에는 3가지가 있습니다. 67쪽의 그림을 보면 알 수 있습니다.

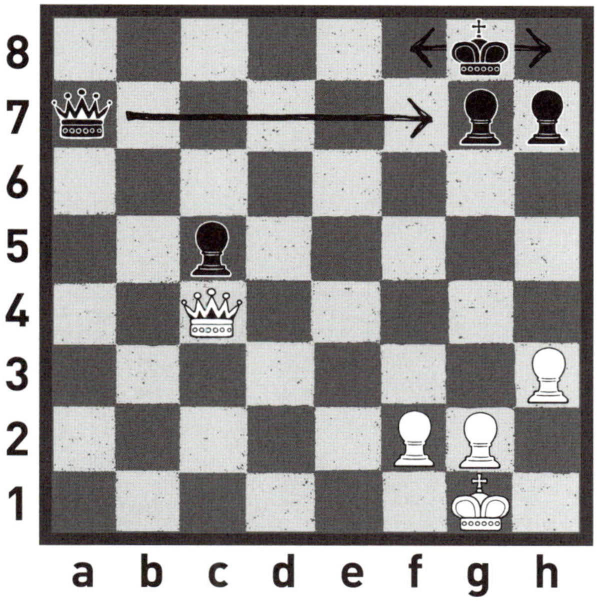

흑 킹이 체크에서 벗어날 수 있는 방법 3가지가 화살표로 그림에 표시되어 있습니다. 먼저 흑 킹이 간단하게 옆으로 피할 수 있는 방법이 2가지 있고, 3번째 방법은 흑 퀸을 f7로 이동시켜 백 퀸의 공격을 가로막는 것입니다.

● 대수 기보법에서 체크 표시하기

대수 기보법에서 체크를 표시할 때는 **+**를 사용합니다. 예를 들어 위 그림에서 백 퀸이 체크를 했을 때 ♕c4+로 적습니다. 백 퀸이 c4로 이동하여 체크(+)를 했다는 의미입니다.

연습 문제 : 8

각 상황에서 체크를 하거나 체크에서 벗어나세요. 답은 대수 기보법으로 적습니다.

1. 어떻게 하면 백 킹을 체크할 수 있을까요?

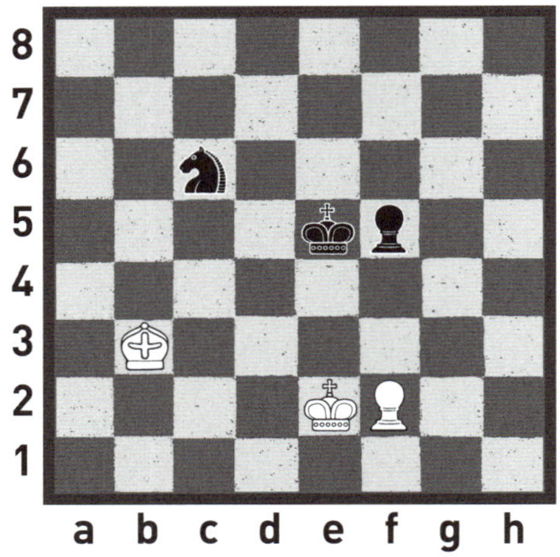

2. 어떻게 하면 흑 킹을 체크할 수 있을까요?

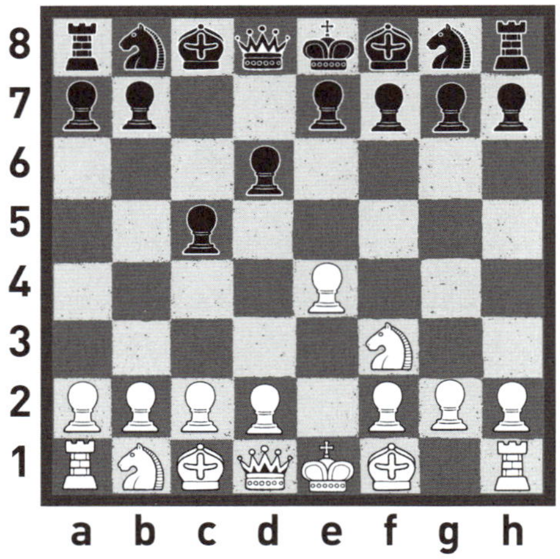

3. 백 룩이 흑 킹을 체크하는 상황에서 흑 킹이 벗어날 방법은 모두 몇 가지인가요?

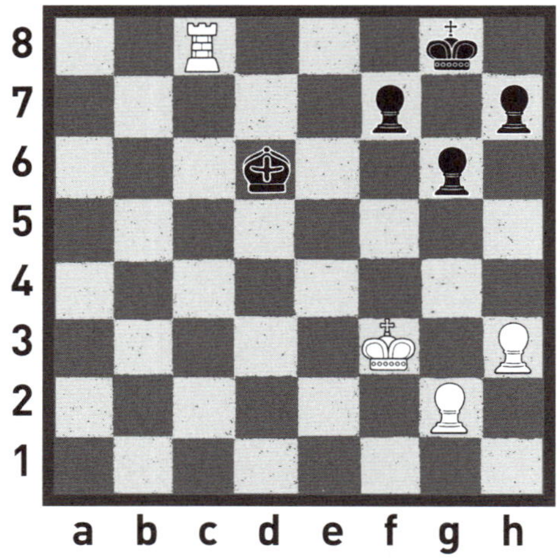

4. c6에 있는 흑 비숍이 백 킹을 체크하는 상황에서 백이 체크를 가로막을 방법은 몇 가지일까요?

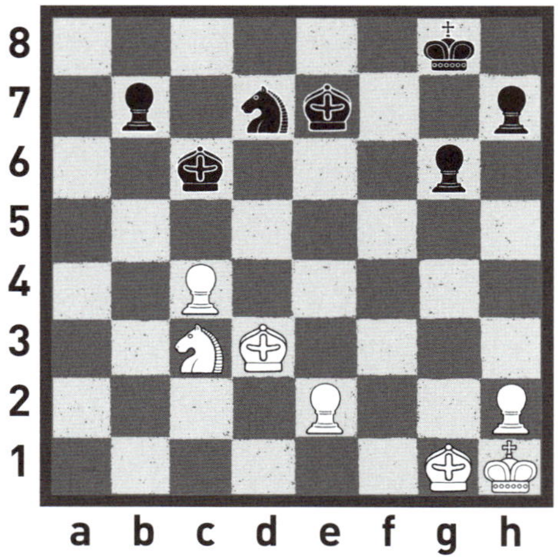

해답: 156쪽

체크메이트를 해보자!

체스의 목적은 상대방의 킹을 사로잡는 데에 있습니다. 킹이 체크를 받았는데 체크를 벗어날 수 있는 방법이 없다면 체크메이트가 됩니다. 바로 게임이 끝난다는 말입니다.

체크메이트!

킹이 체크를 받았는데 체크를 벗어날 수가 없다면 어떻게 될까요? 그런 상황을 **체크메이트**라고 합니다. 게임의 종료를 뜻하죠. 즉, 체크메이트를 당한 선수가 패배하는 것입니다.

체스 게임의 목적은 상대방의 킹을 사로잡는 것입니다. 상대방 킹을 공격하여 다음 수에 잡을 수 있는데도 불구하고 상대방이 속수무책일 때 승리합니다. 체크메이트는 언제든 발생할 수 있으므로 게임의 진행 상황을 잘 살펴봐야 합니다.

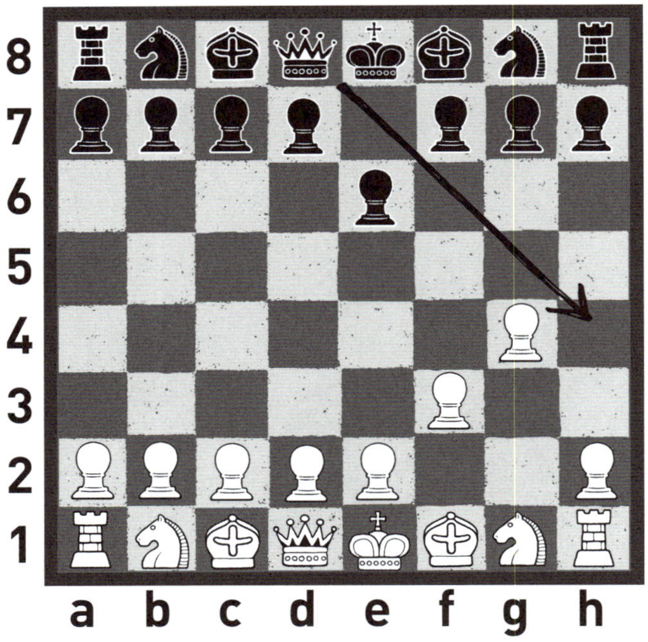

위는 초보들이 잘 당하는 함정으로 백이 2수 만에 패배하는 상황입니다. 백이 시작부터 바보같이 1 f3 e6 2 g4 했기 때문에 **바보 메이트**라고도 불립니다.

그림에서 보듯이 백의 실수 탓에 흑이 바로 체크메이트를 할 수 있게 되었습니다.

백 킹이 공격을 받았지만 백은 피할 곳이 없습니다. 공격을 피해 백 킹이 안전하게 움직일 곳이 전혀 없다는 의미입니다. 흑의 공격을 가로막을 수 있는 백 기물도 보이지 않습니다.

그리고 체크하는 기물(흑 퀸)을 잡을 수도 없습니다. 피할 곳이 없고, 가로막을 기물이 없으며, 상대 기물을 잡을 수도 없으니 백은 체크메이트가 됐습니다. 그러면 게임이 종료되면서 흑이 승리했습니다.

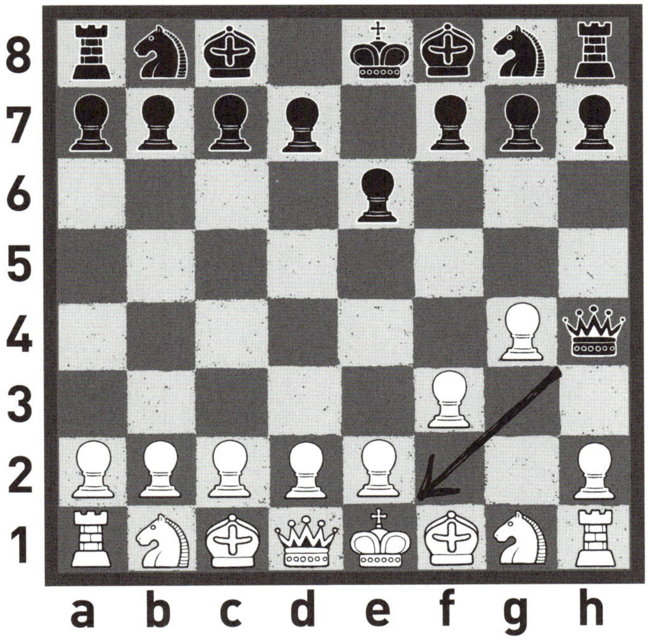

다시 한 번 강조하지만 체스 게임을 진행하는 도중에 킹을 직접 다른 기물로 잡거나 공격하지는 않습니다. 상대의 공격을 피하지 못하거나 막지 못하는 상황이 체크메이트입니다. 만약 킹을 직접 공격하는 행위를 한다면 규칙에 어긋날 뿐 아니라 상대에게 불쾌감을 줄 수도 있습니다.

체크메이트 연습

체크메이트를 하는 순간 게임이 종료되므로 **상대방 킹을 실제로 잡지는 않습니다.** 다음 여러 상황을 통해 체크메이트를 익혀 봅시다. 대체로 상대방보다 많은 기물을 가지고 있으면 체크메이트에 유리합니다.

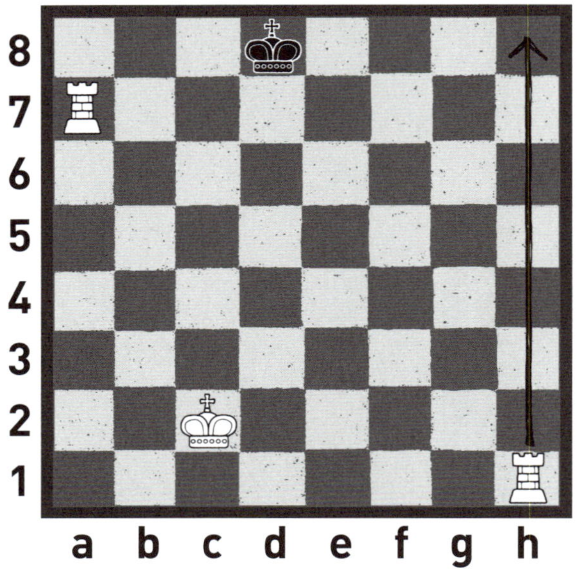

룩 2개를 활용한 체크메이트입니다. 백은 룩 2개와 킹으로 혼자 남은 흑 킹을 상대하고 있습니다. 백은 1 ♖h8로 쉽게 체크메이트를 할 수 있습니다. 다음 그림에서 확인해 봅시다.

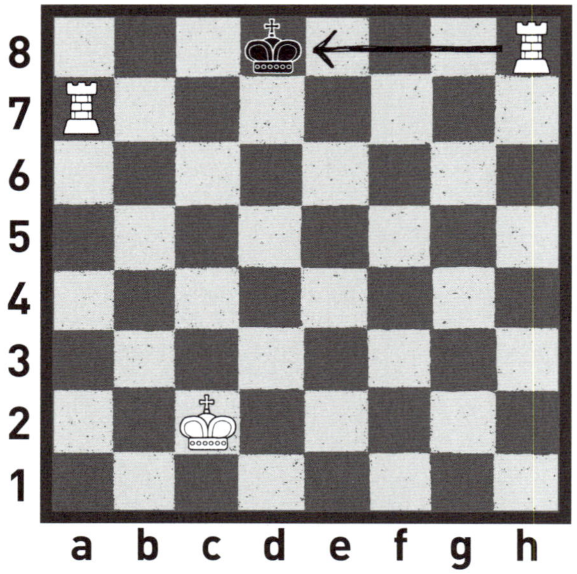

백 룩의 공격으로 흑이 체크메이트 됐습니다. 흑 킹이 어디로 이동하든 그곳은 모두 a7에 있는 룩이 공격할 수 있는 위치입니다. 때문에 흑 킹은 백의 공격에서 벗어날 수가 없습니다.

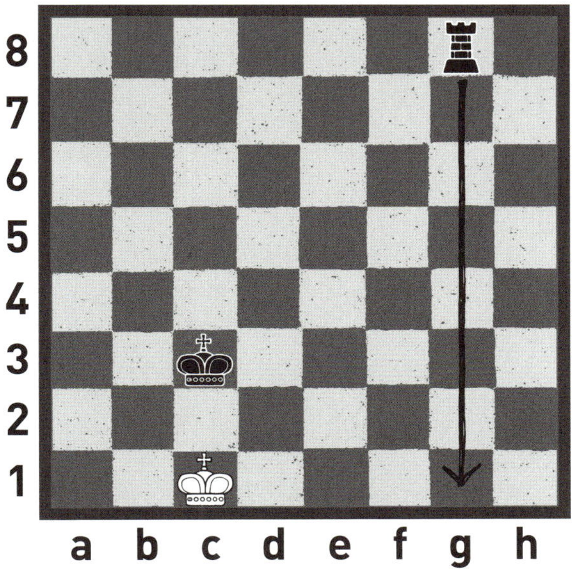

킹과 룩으로 혼자 남은 킹을 상대할 때는 상대방 킹을 가장자리로 몰아가는 것이 핵심입니다. 흑은 1...♜g1으로 체크메이트를 할 수 있습니다.

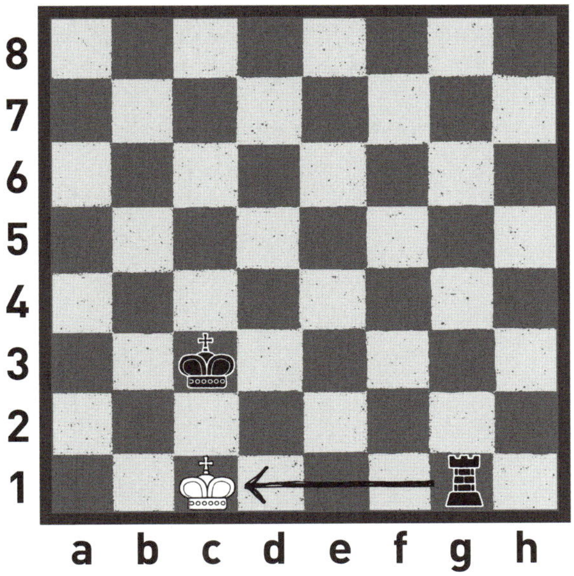

백이 체크메이트 됐습니다. 백 킹의 도주로가 어떻게 막혔는지 확인해 보세요. 흑 킹이 도주로를 가로막고 있어서 백 킹이 도망갈 수가 없습니다.

옆 그림은 멋진 **스모더드 메이트**를 보여줍니다. 흑 킹의 도주로가 모두 흑 기물들로 막혀 있습니다. 백이 1 ♘f7을 합니다.

이제 흑이 체크메이트 됐습니다. 백은 나이트 하나로 흑 킹을 체크메이트로 몰아넣었습니다. 흑 킹은 같은 편인 룩과 폰들이 길을 가로막고 있어서 도망갈 수가 없는 상황입니다.

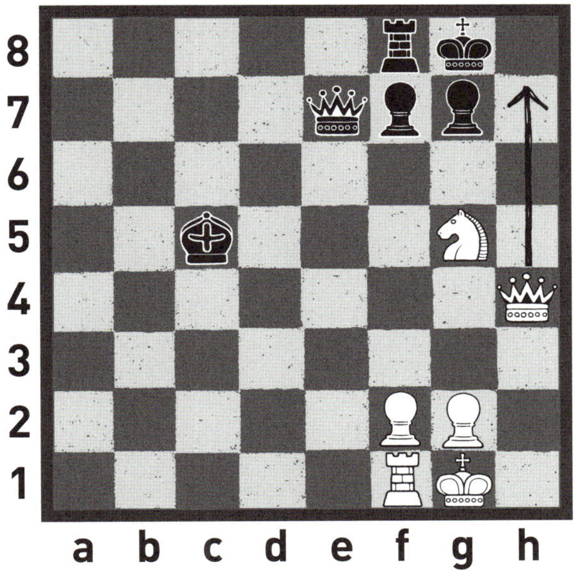

1 ♕h7으로 전진하면 체크메이트가 됩니다. 흑 킹이 공격을 받았으나 도망갈 곳이 없기 때문입니다. 다음 그림을 봅시다.

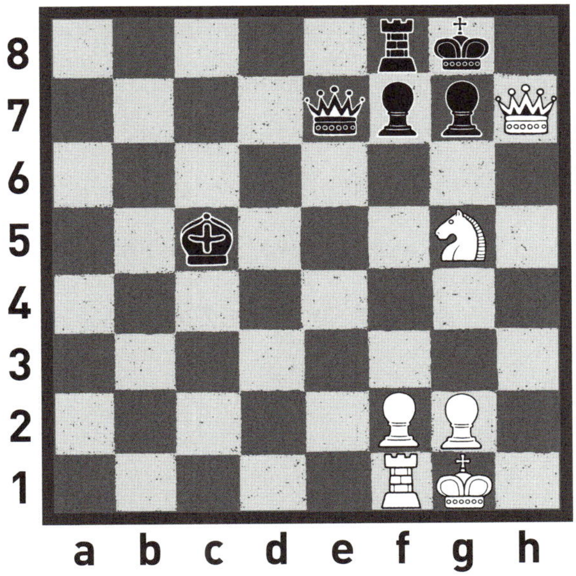

흑이 체크메이트 됐습니다. 이 상황에서 흑이 할 수 있는 것은 아무것도 없습니다. 백 퀸은 g5에 있는 백 나이트가 보호하고 있어서 흑 킹이 백 퀸을 잡을 수도 없습니다. 이로써 게임은 끝나고 백이 승리했습니다.

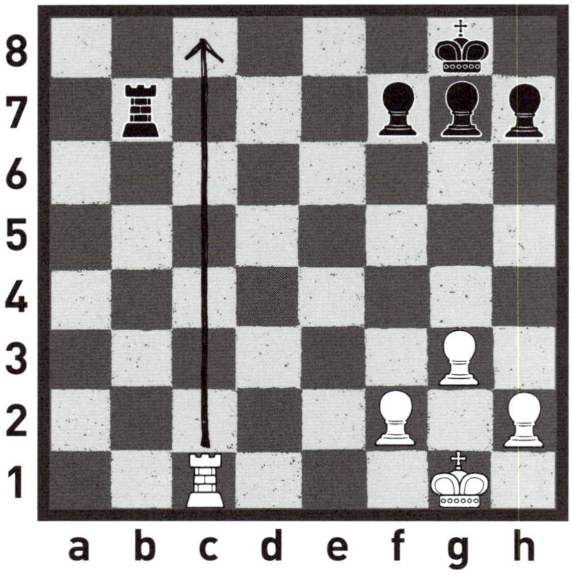

흑 킹의 도주로를 같은 편인 흑 폰들이 막고 있는 상황입니다. 이는 매우 흔한 체크메이트 유형으로 **백 랭크 메이트**라고 불립니다. 1 ♖c8 하면 다음 그림이 됩니다.

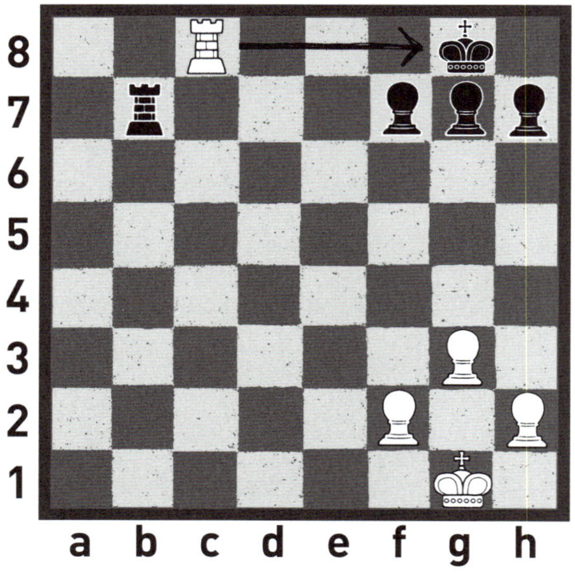

흑이 체크메이트 됐습니다. 백 룩의 공격에서 흑 킹이 벗어날 수가 없습니다. 불행하게도 흑 폰들이 흑 킹의 도주로를 가로막고 있기 때문입니다. 이로써 게임이 끝났으며 백이 승리했습니다.

연습 문제 : 9

각 상황에서 체크메이트를 할 수 있는지 알아봅시다. 대수 기보법으로 답을 적으세요.

1. 백이 이기는 것은 확실합니다. 단 1수 만에 백이 체크메이트를 할 수 있을까요?

2. 다음 그림에서 백이 승리할 수 있는 수는 무엇일까요?

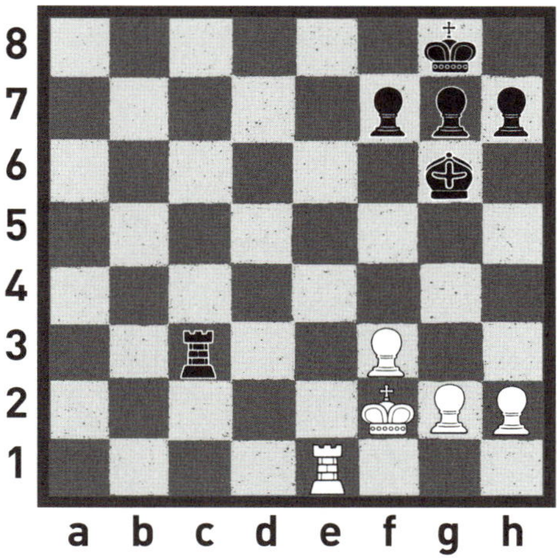

3. 흑은 1…♞×f3으로 백 퀸을 잡을 수 있습니다. 하지만 더 강한 수는 없을까요?

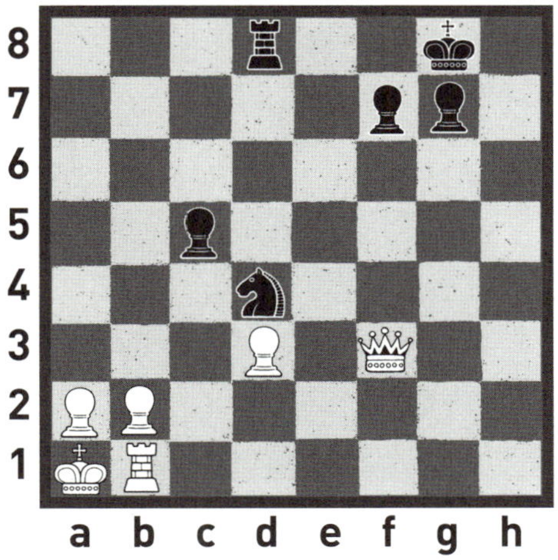

4. 백 킹이 도망갈 곳은 없습니다. 그런데 체크메이트가 아닌 이유는 무엇인가요?

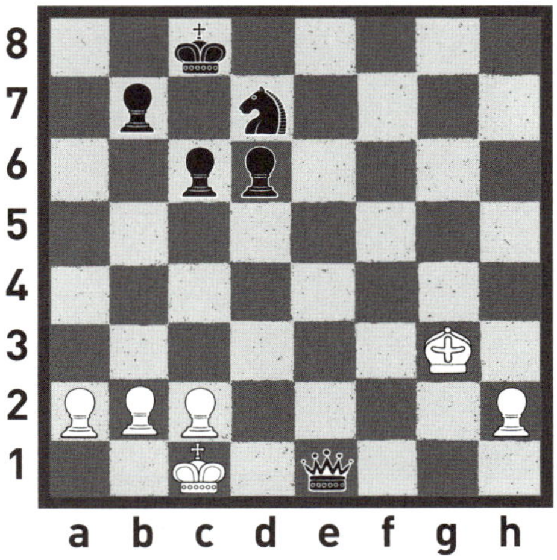

해답: 156쪽

3장 캐슬링과 폰 승진 그리고 앙파상

CHESS FOR CHILDREN

그동안 우리는 어떻게 체스의 기물들을 움직여야 게임에서 승리할 수 있는지를 배웠습니다. 이제 체스를 조금은 둘 줄 안다고 말해도 될 정도입니다. 그래도 아직 자만해서는 안 됩니다. 우리가 기물들의 움직임과 기본적인 규칙을 익혔다고는 하지만, 아직 체스의 모든 것을 알고 있는 것은 아닙니다. 3장에서는 약간 복잡하고 이해하기 힘든 체스 규칙들을 알아볼 예정입니다. 게임 도중 어이없는 패배를 당하고 싶지 않다면 캐슬링, 앙파상, 폰 승진 같은 미묘한 규칙을 알아야 합니다.

캐슬링은 킹과 룩이 만들어내는 움직임입니다.
그리고 체스 게임 도중 2개의 기물이 동시에 움직이는
유일한 경우이기도 합니다.

캐슬링

딱 한 번 킹과 룩으로 특별한 수를 둘 수 있는데 그게 바로 '캐슬링'입니다. 캐슬링에는 킹사이드와 퀸사이드가 있습니다. 이때 킹과 룩이 동시에 움직이며 킹은 2칸을 이동합니다. 기보법에서 킹사이드 캐슬링(쇼트 캐슬링)은 **0-0**으로 퀸사이드 캐슬링(롱 캐슬링)은 **0-0-0**으로 표기합니다.

● 킹사이드 캐슬링

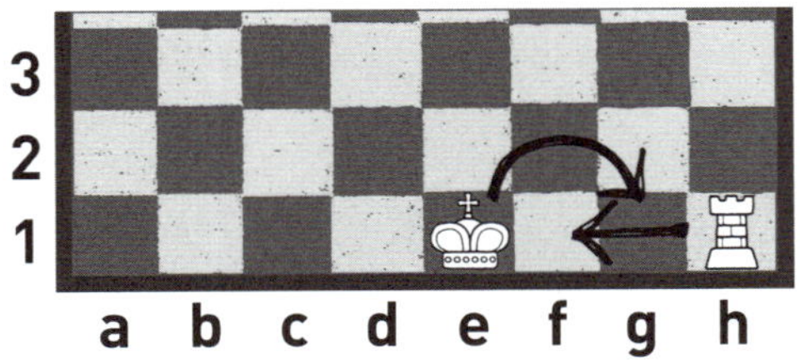

캐슬링을 하기 전, 백이 둘 차례에서 킹과 룩이 시작 위치에 있고 둘 사이에 다른 기물이 없어야 합니다.

캐슬링을 하면 백 킹이 룩을 향해 **2칸** 이동하고, 룩은 **킹을 뛰어넘어** 옆으로 이동합니다.

● 퀸사이드 캐슬링

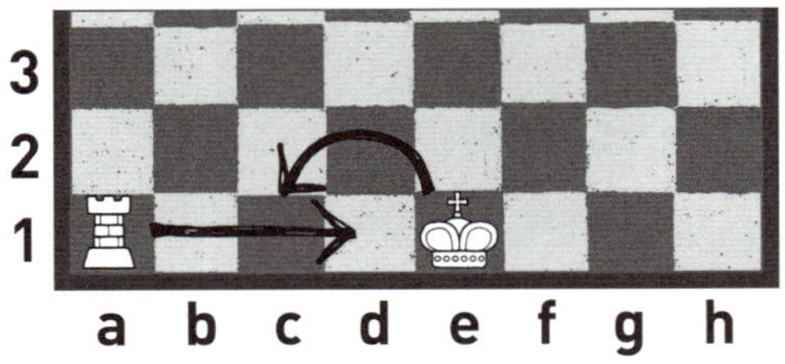

캐슬링을 하기 전, 백이 둘 차례입니다. 킹과 룩이 시작 위치에 있고, 둘 사이에 다른 기물이 없습니다.

캐슬링 이후 상황입니다. 백 킹이 룩을 향해 **2칸** 이동했고, 룩이 **킹을 뛰어넘어** 옆으로 이동했습니다.

캐슬링 연습

캐슬링은 쉬워 보이지만 기억해야 할 규칙이 몇 개 있습니다.

• 움직인 적이 있는 킹과 룩은 캐슬링을 할 수 없다. 움직였다가 제자리로 가도 마찬가지이다.
• 킹이 체크를 받고 있거나, 받는 자리를 건너뛰면서 캐슬링을 할 수 없다.
• 킹이 체크를 받게 되는 자리로 캐슬링을 할 수 없다.
• 킹과 룩 사이에 다른 기물이 있다면 캐슬링을 할 수 없다.

● 다음 그림에서 흑은 캐슬링을 할 수 있는가?

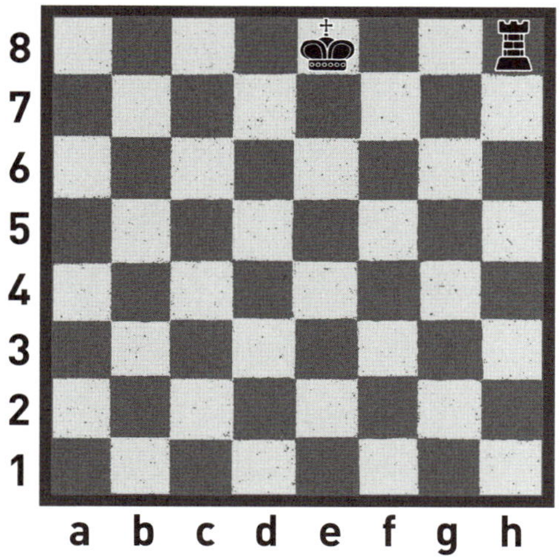

할 수 있습니다. 게임 도중 흑 킹과 룩 모두가 움직인 적이 없다면 가능합니다.

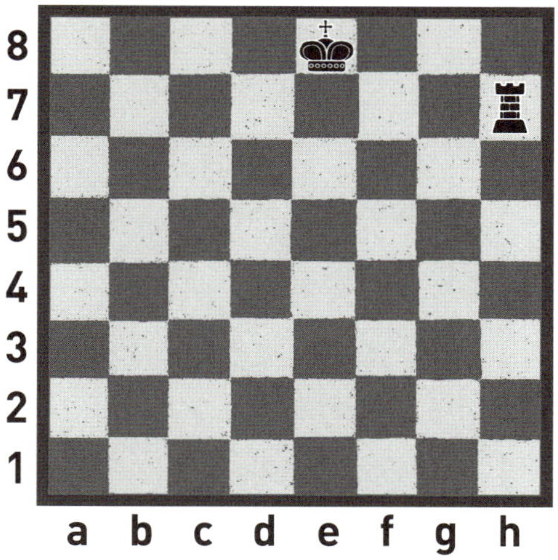

안 됩니다. 흑 룩이 시작 위치인 h8이 아니라 h7에 있습니다. 캐슬링이 불가능합니다.

● 다음 그림에서 백은 캐슬링을 할 수 있는가?

할 수 없습니다. 백 킹이 흑 나이트에게 체크를 받고 있기 때문에 캐슬링을 할 수 없습니다.

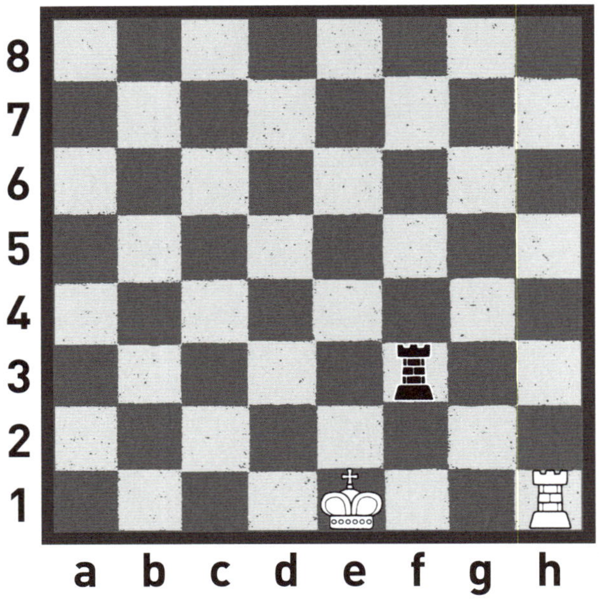

흑 룩이 f1 자리를 공격할 수 있기 때문에 캐슬링을 **할 수 없습니다.** 백 킹은 체크될 수 있는 자리를 지나가면서 캐슬링을 할 수는 없습니다.

● 다음 그림에서 백이 퀸사이드로 캐슬링을 할 수 있는가?

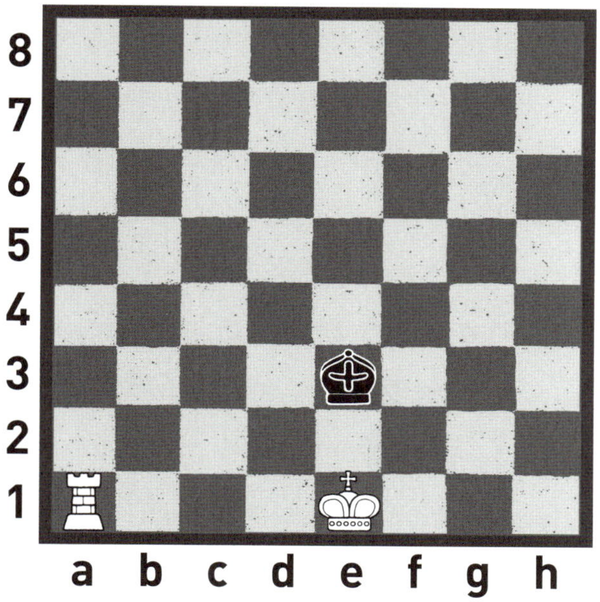

백이 캐슬링을 하면 c1 자리에서 **체크**를 당합니다. 따라서 백은 캐슬링을 할 수 **없습니다.**

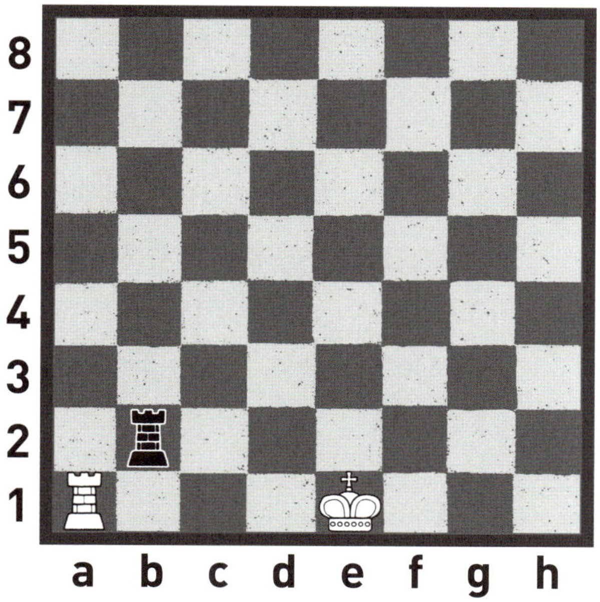

흑 룩이 b1 자리를 공격할 수 있어 조금 애매한 문제입니다. 그러나 백 킹은 상대방으로부터 어떤 공격도 **받지 않기 때문에** 캐슬링을 할 수 있습니다.

실전에서의 캐슬링

캐슬링은 빨리 하는 것이 좋습니다. 캐슬링을 하면 위험이 도사리는 중앙에서 비교적 안전한 구석으로 킹을 옮길 수 있기 때문입니다. 그뿐만 아니라 룩이 중앙으로 이동해 좀 더 활동적으로 변합니다. 이제 살펴볼 그림들은 캐슬링을 일찍 한 게임의 예입니다. 고수들이 얼마나 빨리 캐슬링을 하는지 살펴보고 따라 해봅시다. 고수들의 게임을 따라 하는 것은 체스 실력을 키우는 훌륭한 방법입니다.

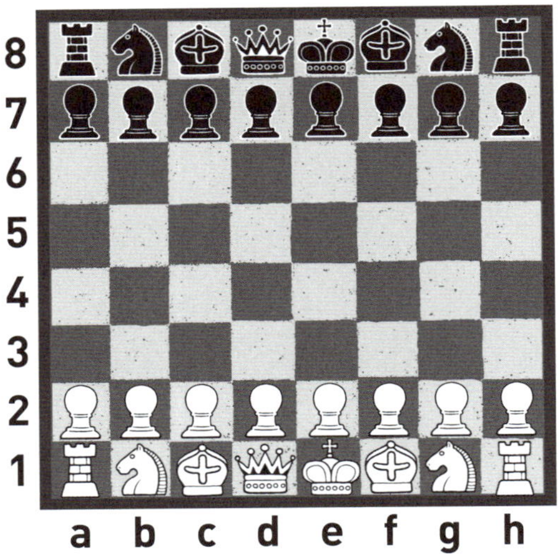

1 e4 c5 2 ♘f3 d6 3 d4 c×d4 4 ♘×d4 ♞f6 5 ♘c3 ♞c6 6 ♗g5 e6 7 ♕d2 ♝e7 백 폰이 움직이면서 게임이 시작됐습니다. 백이 기물들을 신속하게 앞으로 배치합니다.

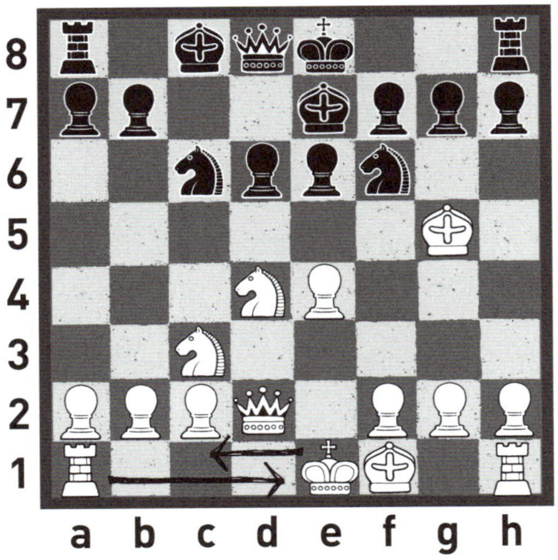

백이 둘 차례로 퀸사이드 캐슬링을 할 준비가 되었습니다. 이제 백이 **8 0-0-0**을 합니다. 0-0-0은 대수 기보법에서 퀸사이드 캐슬링을 뜻합니다.

마지막 수에서 백이 캐슬링을 했습니다. 그러니 이제 흑 차례입니다. 흑도 백과 마찬가지로 캐슬링을 할 수 있습니다. 킹사이드 캐슬링을 합니다. 대수 기보법으로는 **8... 0-0**이라고 표시합니다. 이것은 8번째 수에 흑이 킹사이드 캐슬링을 했다는 뜻입니다.

이제 흑과 백, 양쪽이 모두 캐슬링을 마쳤습니다. 게임 초반에 흑과 백은 빠르고 완벽하게 캐슬링을 완성했습니다. 훌륭하게 게임을 시작했다고 할 수 있습니다. 킹들이 비교적 안전한 곳으로 숨었고, 룩들은 보다 활동적인 중앙으로 이동했기 때문입니다.

연습 문제 : 10

다음은 캐슬링을 잘 이해했는지 알아보고 연습할 수 있는 문제입니다. 대수 기보법으로 답을 적으세요.

1. 그림에서 킹과 룩은 움직인 적이 없습니다. 흑은 퀸사이드 캐슬링을 할 수 있을까요?

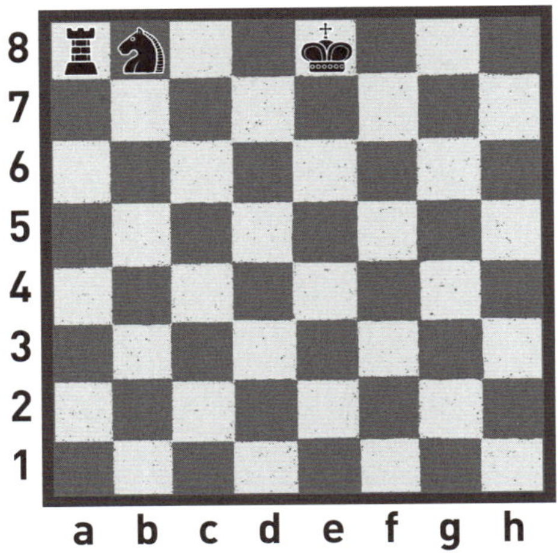

2. 백 킹과 룩들은 움직인 적이 없습니다. 백은 킹사이드 캐슬링을 할 수 있을까요?

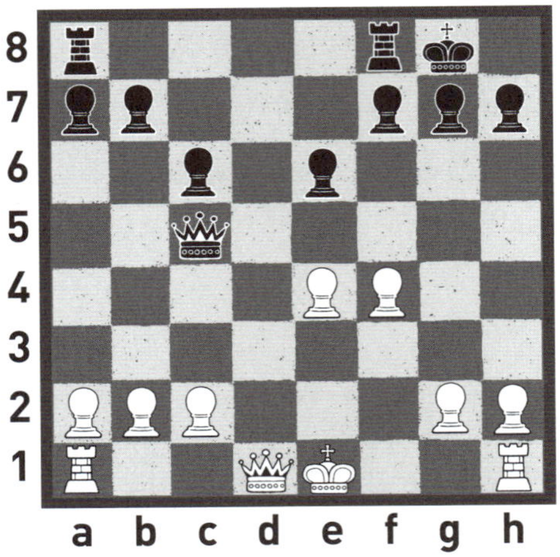

3. 백이 퀸사이드 캐슬링을 하면 백 룩은 어느 자리로 가게 될까요?

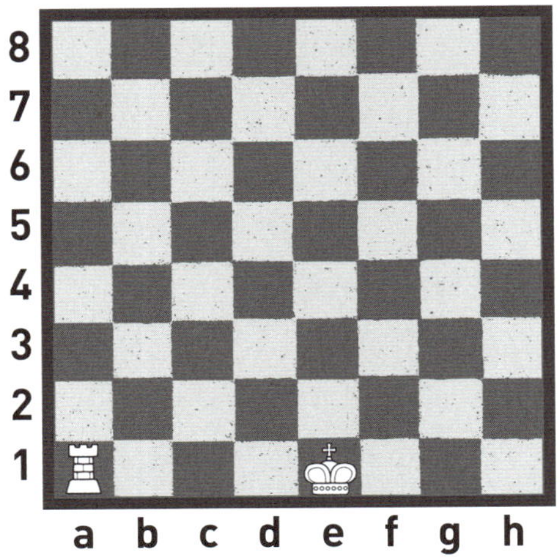

4. 흑이 킹사이드 캐슬링을 하면 흑 킹은 어느 자리로 가게 될까요?

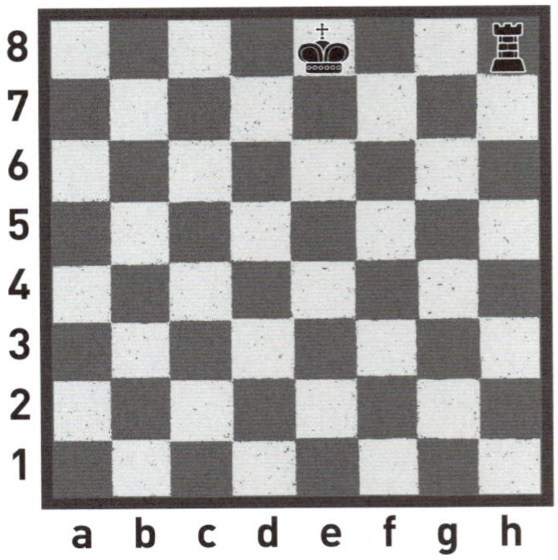

해답: 156쪽

폰 승진을 알아보자

폰을 퀸으로 승진시키면 좀 더 쉽게 승리할 수 있습니다.

폰 승진

폰은 오로지 앞으로만 움직입니다. 그럼 폰이 체스판 끝까지 전진하면 어떻게 될까요? 그러면 엄청난 일이 생깁니다. 8번 랭크까지 살아남아 전진한 폰은 다른 기물로 **승진합니다!** 이때 폰은 킹과 폰을 제외한 어떤 기물로도 승진할 수 있습니다. 하지만 퀸으로 승진하는 경우가 많아서 폰 승진을 '퀸닝'(queening)이라고도 합니다.

● 퀸으로 승진하기

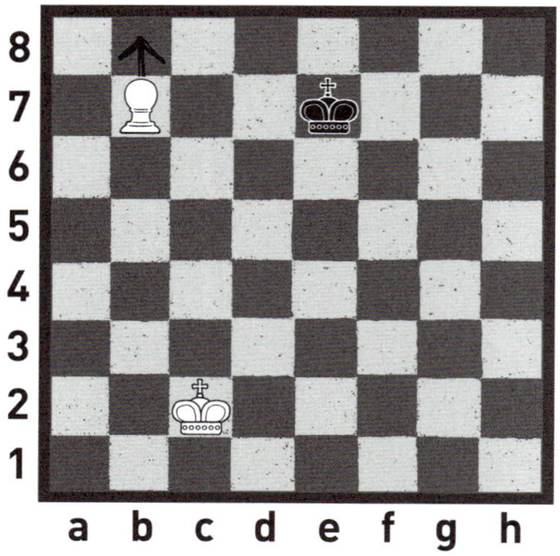

백 폰이 1칸만 더 전진하면 퀸으로 승진합니다. 이때 1 b8=♕이라 적습니다.

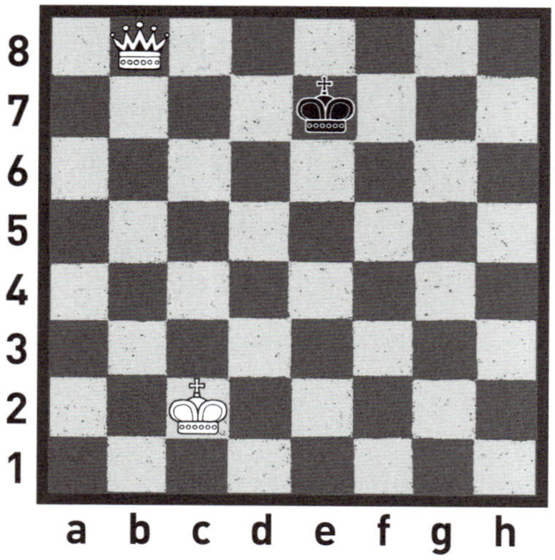

백 폰이 있던 자리에 백 퀸을 놓습니다. 8번 랭크에 도달한 폰은 즉시 다른 기물로 바꿔야 합니다.

폰 승진 연습

폰 승진은 종종 승리의 지름길이 됩니다. 미약한 폰이 퀸으로 승진하면 엄청난 힘을 갖게 됩니다. 새로 얻은 퀸으로 상대방 기물들을 쓸어 내거나 금세 체크메이트를 할 수 있을 것입니다. 대부분의 폰 승진은 기물이 몇 개 남아 있지 않은 후반부에 발생합니다. 초반에는 기물들이 많이 있어서 폰들이 반대쪽 끝으로 전진하기가 어렵습니다.

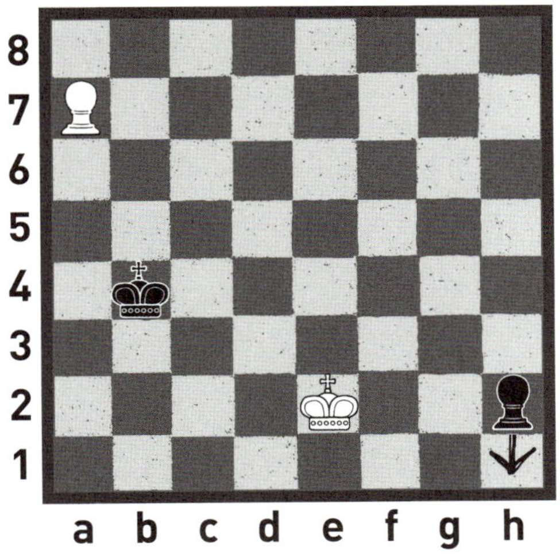

양쪽 폰 모두가 승진하기 직전입니다. 그러나 흑 차례이므로 **1...h1=♛**으로 흑 폰이 먼저 퀸으로 승진합니다.

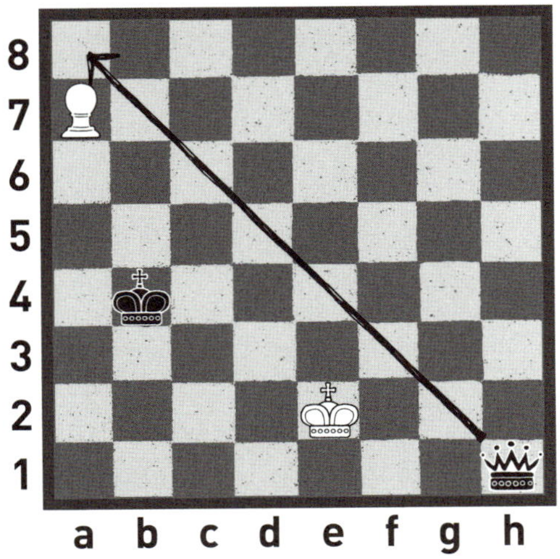

체스판에 새로운 흑 퀸이 등장했습니다. 그다음에 백 폰이 퀸으로 승진하더라도 불행하게도 바로 흑 퀸에게 잡힐 수 있는 상황입니다.

퀸은 몇 개까지 가질 수 있나?

폰 8개가 모두 승진한다면 이론적으로 퀸이 9개가 될 수도 있습니다. 그러나 현실적으로 2개 이상의 퀸이 생기는 경우는 거의 없습니다.

현재 양쪽이 보유한 기물의 양이 똑같습니다. 그러나 흑이 둘 차례이므로 1...c1=♛으로 흑은 새로운 퀸을 가집니다.

이제 흑은 퀸이 2개이지만 백은 1개뿐입니다. 기물의 균형이 무너졌습니다. 이제 흑이 손쉽게 승리할 것입니다.

●퀸으로 승진하기

아래 그림 같은 단순한 엔딩 상황에서 종종 폰 달리기 시합이 발생합니다. 폰 달리기 시합이란 양 선수가 서로 먼저 폰을 퀸으로 승진시키기 위해, 각자의 폰을 경쟁적으로 8번째 랭크까지 달리게 하는 상황을 일컫는 말입니다.

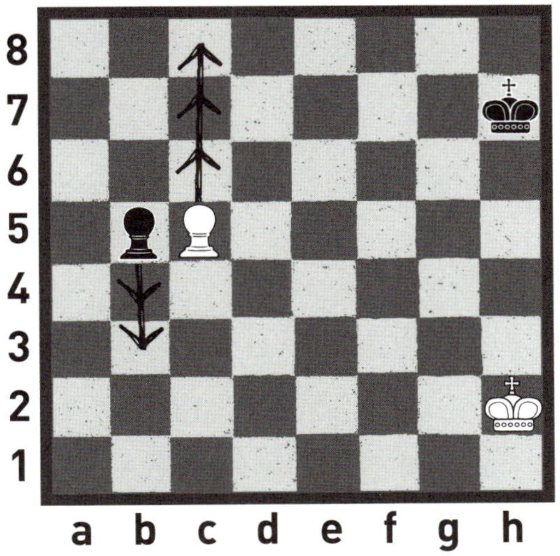

이 그림에서는 백 폰이 달리기에서 조금 더 앞서 있습니다. 게다가 백이 먼저 움직일 차례이므로 백이 폰 달리기에서 승리합니다. 1 c6 b4 2 c7 b3 3 c8=♕로 백이 달리기에서 승리해 퀸으로 승진합니다. 새로 생긴 퀸 덕분에 백은 흑에게 보다 쉽게 승리할 수 있을 것입니다. 백은 흑 폰이 퀸으로 승진해도 쉽게 잡을 수 있으니 흑의 폰 승진은 문제가 되지 않습니다.

폰 승진의 다른 예

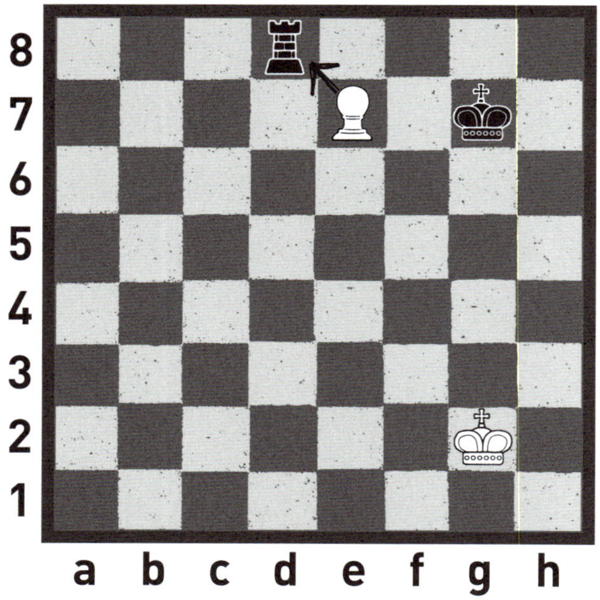

폰이 상대방 기물을 잡으면서 승진하는 것도 가능합니다. 옆 그림에서 백에게 최선의 수는 백 폰이 흑 룩을 잡는 동시에 퀸으로 승진하는 것입니다.

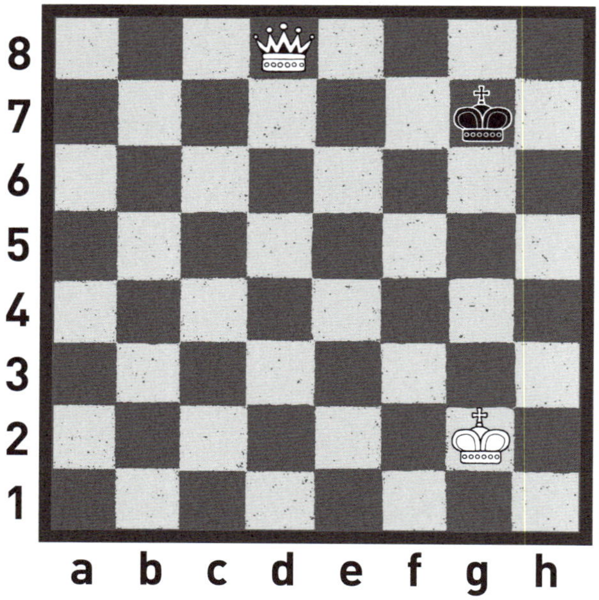

이제 흑 차례입니다. 하지만 백이 퀸을 얻어 흑에게는 거의 희망이 없는 상황입니다. 백은 혼자 남은 흑 킹을 상대로 쉽게 승리할 수 있습니다.

차급 승진

옆 그림은 차급 승진, 즉 퀸 이외의 다른 기물로 폰이 승진한 경우입니다. 흑 폰은 퀸 대신 나이트로 승진했습니다. 기보법으로는 1…d1=♞+입니다.

흑 폰이 나이트로 승진하면서 백 킹과 퀸을 동시에 공격합니다. 백 킹은 체크에서 벗어나야 합니다. 하지만 백이 그러는 사이 흑은 나이트로 백 퀸을 잡을 것입니다.

연습 문제 : 11

폰 승진에 관련된 사항들을 점검해 보는 문제들입니다. 대수 기보법으로 답을 적으세요.

1. 퀸과 룩이 없는 흑은 상황이 매우 절망적입니다. 흑이 이기려면 어떤 수가 있을까요?

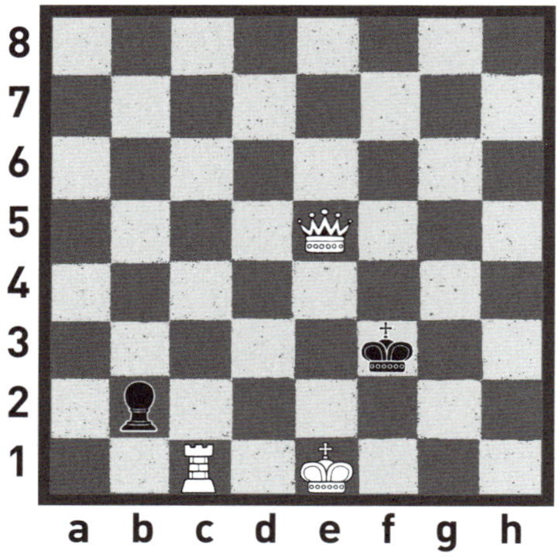

2. 각기 폰 2개와 킹만 남은 상황에서 백이 이길 수 있는 최선의 수는 어떤 것일까요?

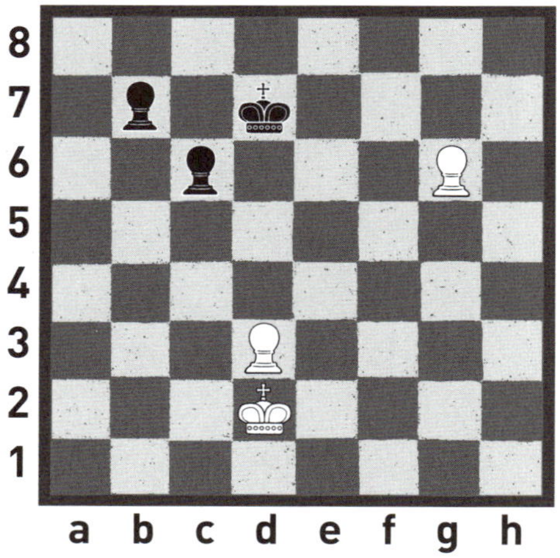

3. 양쪽이 폰 달리기 경쟁 중입니다. 백이 둘 차례라면 누가 먼저 퀸으로 승진할까요?

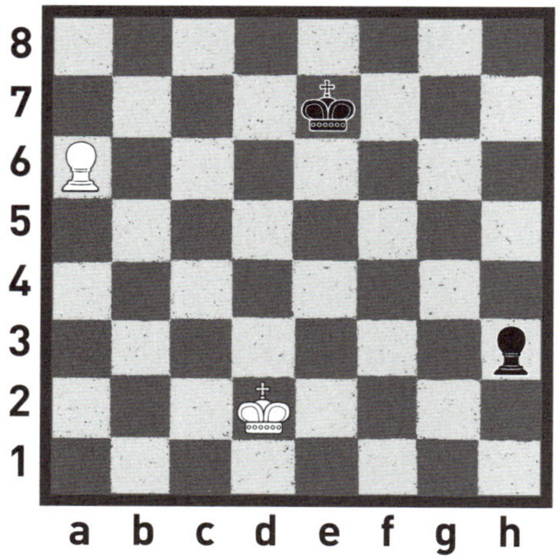

4. 백이 둘 차례인 다음의 상황에서 백이 폰을 승진시켜 승리할 수 있을까요?

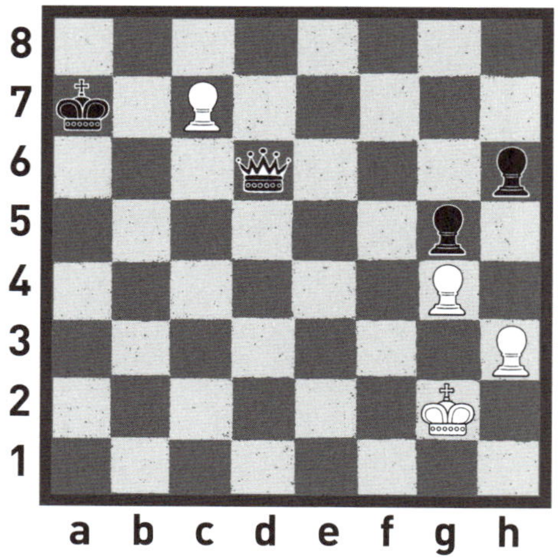

해답: 157쪽

앙파상
무슨 뜻일까?

앙파상 규칙을 알아야 큰 위기를 넘길 수 있습니다!

앙파상 알아보기

앙파상은 자주 일어나지 않지만 초보자도 알아야 합니다. 앙파상을 알아봅시다.

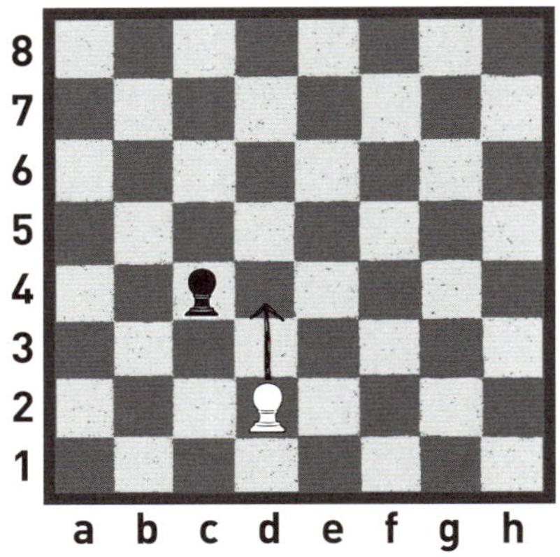

폰은 맨 처음 2칸 전진할 수 있다는 것을 기억하나요? 먼저 백이 1 d4로 이동합니다.

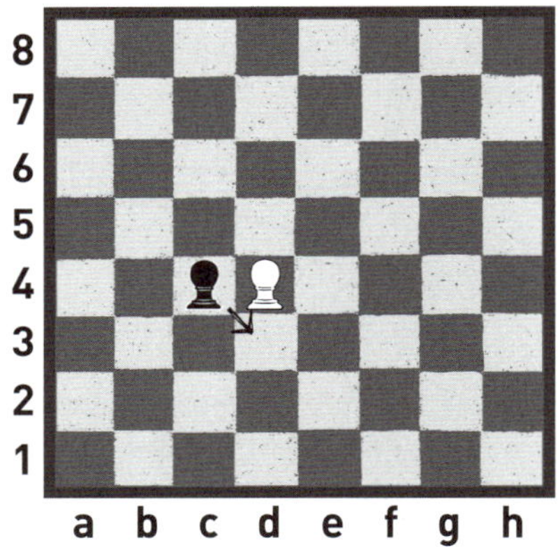

이때 흑은 백 폰이 1칸만 이동한 것으로 간주하고 1... c×d3으로 백 폰을 잡습니다.

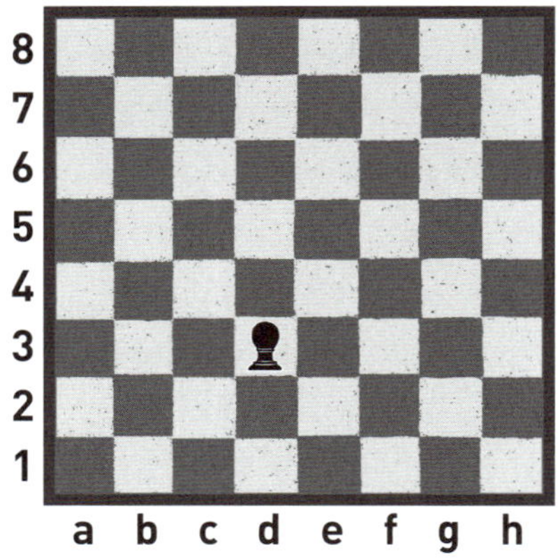

백 폰이 잡혔습니다. 이처럼 2칸 전진한 백 폰을 1칸만 전진한 것으로 간주하고 잡는 것을 앙파상이라고 합니다.

앙파상 연습하기

앙파상이 무엇인지 알아보았습니다. 이제 다른 예를 통해 앙파상을 연습해 봅시다.

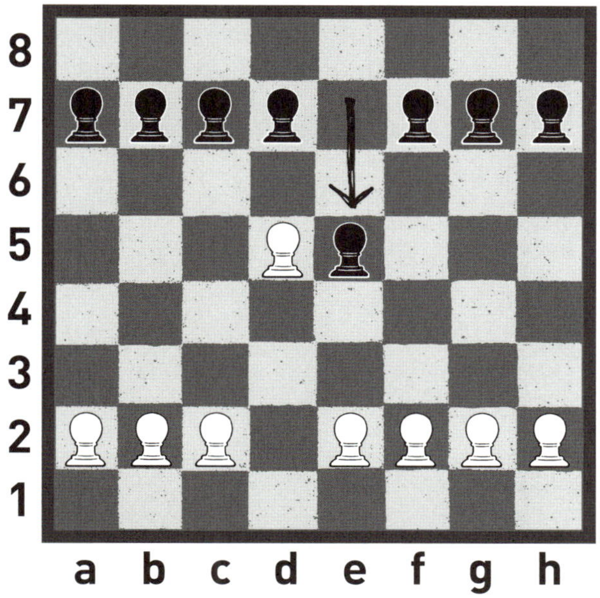

지금 흑 폰이 2칸 전진했습니다. 이제 앙파상이 가능합니다. 1 d×e6으로 흑 폰을 잡습니다.

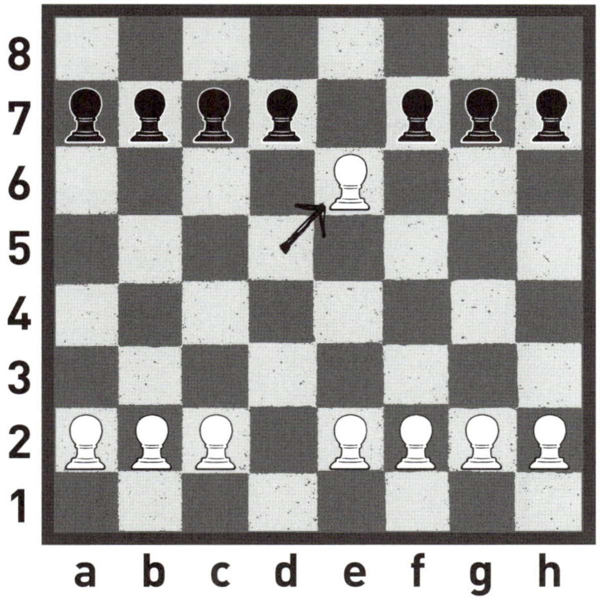

앙파상으로 폰을 잡은 상황입니다. 백 폰이 e6으로 이동한 점을 주의해야 합니다.

앙파상을 구사할 때 주의할 점이 있습니다. 상대방 폰이 2칸 전진한 직후에 앙파상을 할지 결정해야 한다는 점입니다. 다른 수를 먼저 두고 나중에 앙파상을 할 수는 없습니다. 그럼, 앙파상 예시를 하나 더 살펴봅시다.

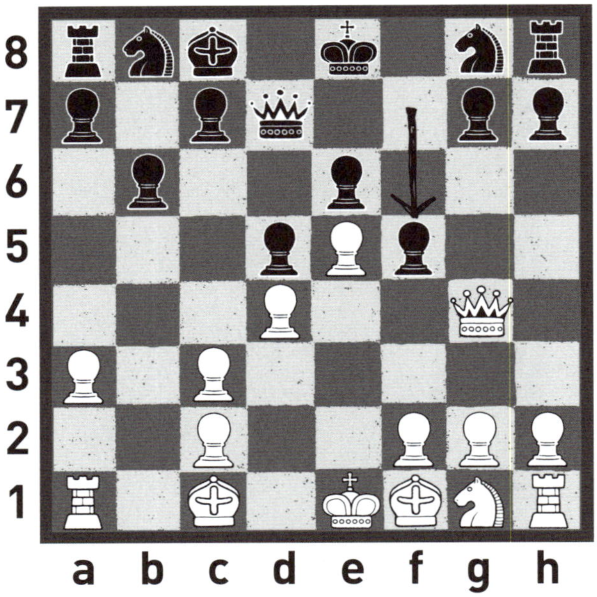

흑 f-폰이 2칸 전진했습니다. 백은 이제 앙파상을 적용해 1 e×f6으로 흑 f-폰을 잡을 수 있습니다.

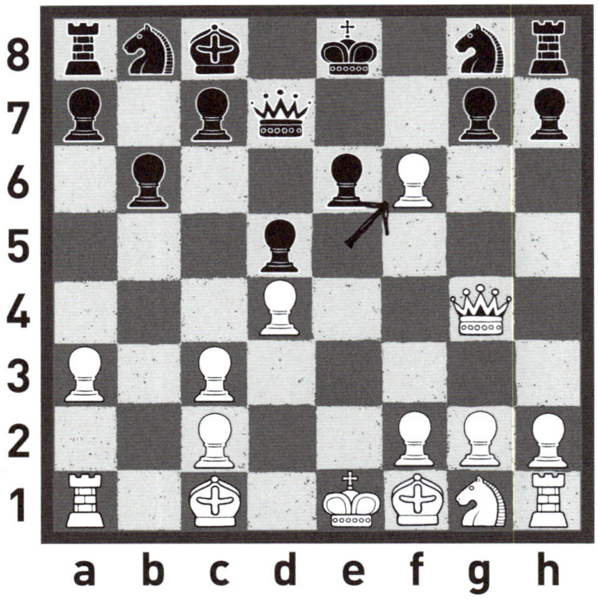

f5에 있던 흑 폰이 결국 잡혔습니다. 하지만 흑은 1...♞×f6으로 백 폰을 되잡을 수도 있습니다.

연습 문제 : 12

앙파상은 초보자들이 이해하기 어려우므로 문제를 풀면서 익히는 것이 좋습니다. 대수 기보법으로 답을 적으세요.

1. c5로 흑 폰이 2칸 전진했습니다. 앙파상으로 흑 폰을 잡는다면 백 폰의 위치는 어디일까요?

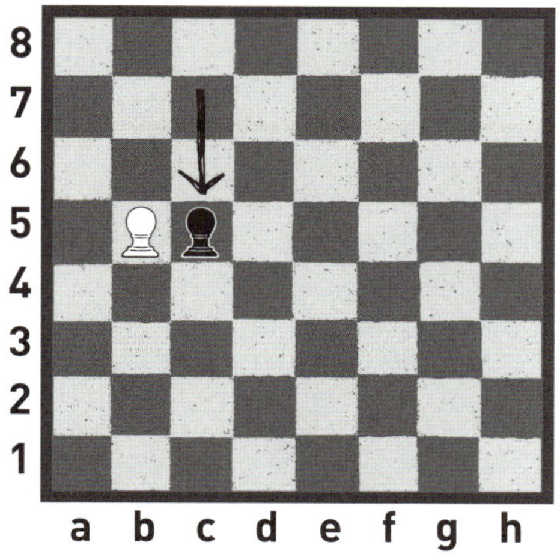

2. 백 폰이 1 e4로 전진한다면 흑이 앙파상으로 백 폰을 잡을 수 있을까요?

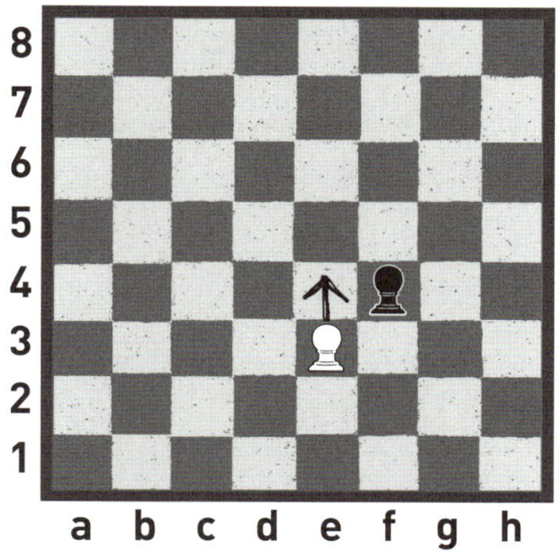

3. 흑 폰이 f7에서 f5로 이동했을 때 백이 흑 f-폰을 잡을 수 있는 방법은 몇 가지일까요?

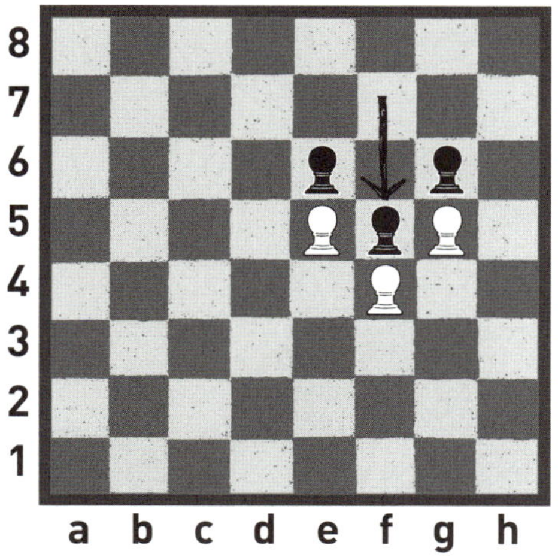

4. 백의 마지막 수는 c4입니다. 흑이 앙파상으로 백 폰을 잡을 수 있을까요?

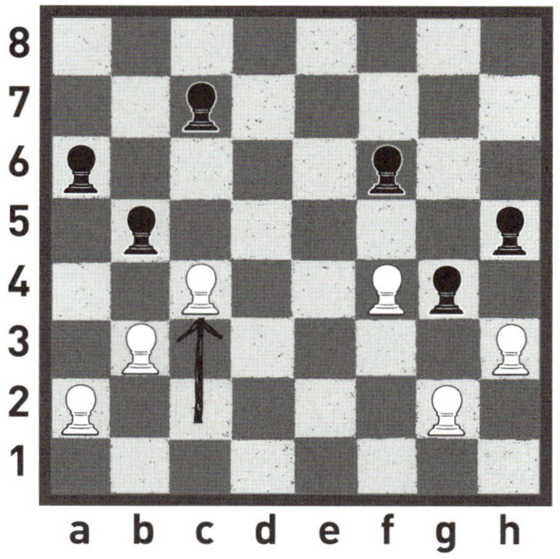

해답: 157쪽

4장 첫 승리와 무승부

CHESS FOR CHILDREN

체스를 하는 목적은 결국 상대방의 킹을 잡아 승리하는 데에 있습니다. 지금까지 우리가 체스의 여러 규칙을 익히고 기물의 움직임을 연습한 것도, 어떻게 보면 상대를 이기기 위한 방법을 배우는 한 과정이었다고 할 수 있습니다. 물론 체스는 승부에 집착하지 않아도 충분히 재미있는 게임이기는 합니다. 이제 4장에서는 상대에게서 확실한 승리를 얻어내는 체크메이트 방법 몇 가지와 무승부에 대해 배울 것입니다.

폴과 디노의 시합에서 합의 비김 같은 건 절대 있을 수 없습니다.
두 사람은 아무리 오래 걸리더라도
고대의 검투사처럼 마지막 폰이 다할 때까지 싸울 것입니다.

물론 중요한 일이 있을 때는 예외이지만 말입니다.

무승부로 종료되는 경우

체스 게임에서는 3가지 결과가 가능합니다. 승리(1점), 패배(0점), 그리고 0.5점을 얻는 무승부가 있습니다. 체스 고수들이 벌이는 게임에서 무승부는 매우 흔합니다. 얼마나 흔한가 하면 그들이 치르는 게임의 3분의 1이 무승부로 끝날 정도입니다. 가장 흔한 무승부 유형은 3가지입니다. 다음과 같은 것들이 있습니다.

- **합의 비김**
- **스테일메이트**(stalemate)
- **포지션 3회 반복**

합의 비김

상대방 선수가 동의한다면 언제든지 '합의 비김'을 할 수 있습니다. 그럴 경우, 게임은 즉시 종료되며 공식 대회에서는 상대방과 점수를 나눕니다. 승리를 거두었을 때 1점을 얻으므로 이때 선수들은 각각 0.5점의 승점을 얻습니다.

예를 들어 기물이 몇 개 남지 않아서 서로가 완전히 동등한 상황이라면, 상대방과 비김(무승부)을 합의할 수 있을 것입니다. 양 선수 중 누구도 승리하기 어려운 상황이라면 둘 중 한 명이 비김을 제안할 수 있습니다. 물론 제안을 받은 상대는 무승부를 받아들일 수 있지만, 그 제안을 거부하고 경기를 계속하기를 원할 수도 있습니다.

1978년 아나톨리 카르포프와 빅터 코르치노이가 벌인 대국은 124수 만에 스테일메이트 무승부로 끝나 세계 챔피언십 대국 중 가장 오래 걸린 경기로 기록되었습니다. 이 경기는 총 12시간 3분이나 걸린 대국이었습니다.

스테일메이트

어느 한쪽이 체크가 아닌데도 움직일 수 없는 경우가 있습니다. 이때를 스테일메이트라 합니다. 스테일메이트는 체크메이트와 비슷하여 혼동하기 쉬우나 큰 차이점이 있습니다. 스테일메이트에는 체크가 없습니다. 자동으로 비김이 될 뿐입니다. 스테일메이트는 보통 기물이 몇 개 남지 않은 엔딩에서 발생합니다. 몇 가지 스테일메이트 사례를 살펴보겠습니다.

옆 상황은 흑에게 굉장히 불리해 보입니다. 흑이 공격할 차례이지만 흑에게는 코너에 몰린 킹 하나만 남아 있을 뿐이기 때문입니다. 그에 비해 백은 퀸을 가지고 있어 쉽게 이 게임에서 승리할 것으로 예상됩니다. 그러나 아쉽게도 백은 흑이 움직일 수 있는 곳을 남겨놓지 않는 실수를 했습니다.

규칙에 따르면 백 퀸이 공격하고 있는 자리로 흑 킹은 움직일 수 없습니다. 정상적으로 수를 놓을 곳이 없다면 상황은 곧바로 스테일메이트 무승부로 이어집니다. 흑이 운 좋게 살아남은 경우라고 할 수 있습니다.

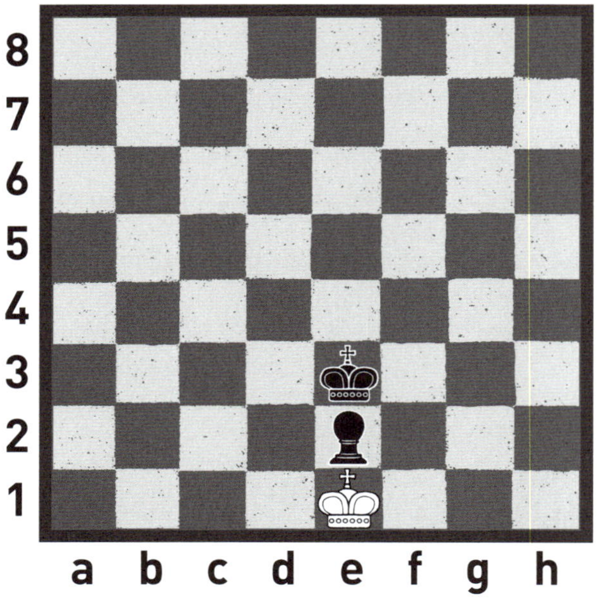

스테일메이트는 엔딩에서 자연스럽게 발생하기도 합니다. 백이 둘 차례인 이 상황에서 백은 폰이 하나 적지만 스테일메이트로 무승부를 이끌어냈습니다. 백 킹이 움직일 수 있는 곳이 없습니다.

흑이 폰 승진한 퀸까지 가지고 있음에도 불구하고 무승부로 끝났습니다. 흑은 백이 정상적으로 움직일 곳을 남겨놓지 않았고, 백이 둘 차례가 되자 스테일메이트가 되었습니다. 백에게 폰이 1개 있지만 이것도 움직일 수 있는 곳이 없습니다.

스테일메이트 연습하기

초보자는 실수로 스테일메이트 상황에 종종 빠집니다. 그러므로 엄청 유리한 상황이라도 조심해야 합니다. 그렇지 않으면 상대방에게 어이없는 무승부를 선사할 수도 있습니다.

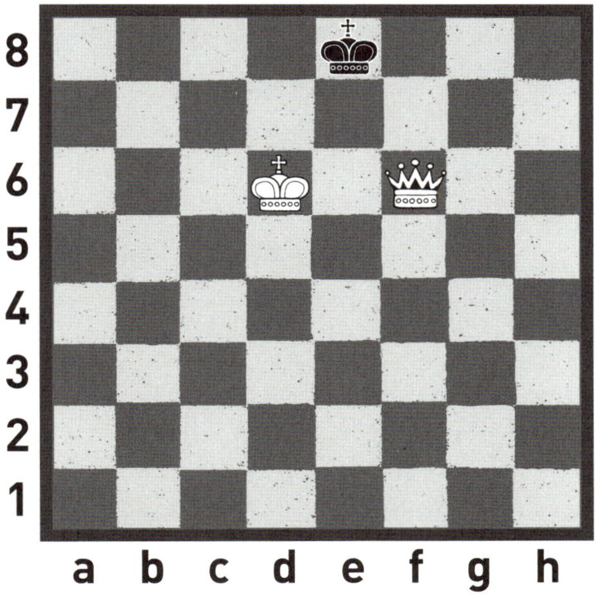

백 킹과 퀸이 혼자 남은 흑 킹 주변에서 체크메이트를 노리고 있습니다. 그러나 백은 흑에게 정상적으로 움직일 곳을 남겨놓지 않는 실수를 저질렀습니다. 흑이 둘 차례가 되었고 결국 무승부가 되었습니다.

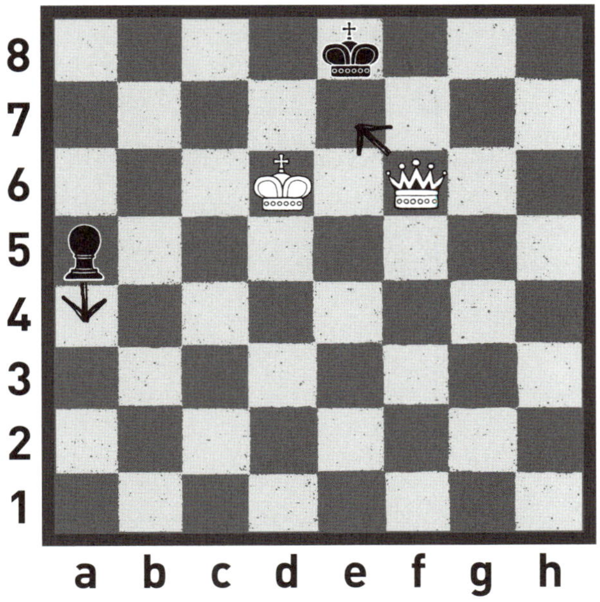

이전 그림과 매우 비슷한 상황입니다. 그러나 지금은 흑이 둘 차례에서 스테일메이트가 되지 않습니다. 흑 폰을 움직일 수 있기 때문입니다. 흑이 1...a4 하고 나면 백은 2 ♕e7로 체크메이트를 할 수 있습니다.

포지션 반복 무승부

똑같은 포지션이 계속해서 반복되는 경우가 있습니다. 똑같은 포지션이 3번 발생한다면 무승부를 선언할 수 있습니다. 이 규칙이 없다면 아마 게임이 끝나지 않고 무한정 이어질 수도 있을 것입니다.

포지션 3회 반복은 종종 **무한 체크** 때문에 발생합니다. 무한 체크란 상대방 킹을 끊임없이 체크하는 경우입니다. 체크메이트가 되지도 않고, 다른 변화도 없으면서 체크만 계속 끊임없이 하는 경우를 말합니다.

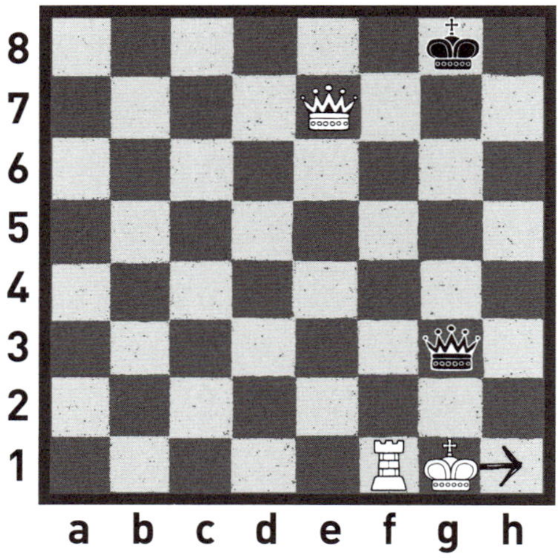

백이 둘 차례입니다. 백은 룩이 1개 더 있어 유리하지만 흑 퀸의 계속되는 체크를 벗어날 수는 없습니다. 백 킹이 유일하게 체크를 벗어나는 수는 1 ♔h1입니다.

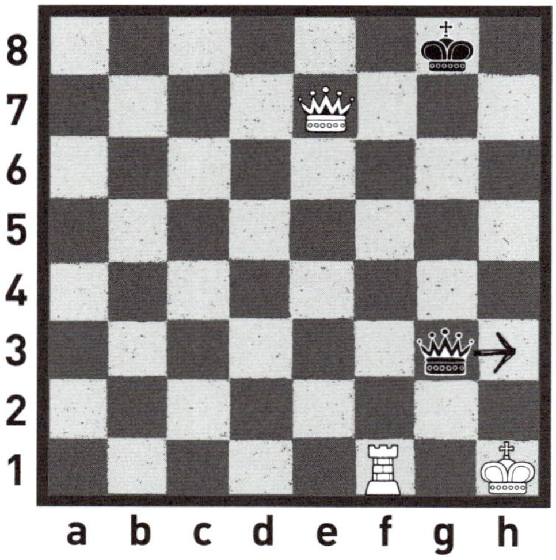

1... ♛h3+ 2 ♔g1 ♛g3+로 체크가 계속되면 같은 포지션이 반복됩니다. 흑은 계속해서 체크를 할 수 있습니다. 결국 게임은 무승부로 종료됩니다.

무승부로 끝나는 다른 경우

● 50수 규칙

게임에 진전이 없다면 해당 경기를 무한정 끌지 않기 위해 무승부를 선언할 수도 있습니다. 이때 적용할 수 있는 규칙이 50수 규칙입니다. 이 규칙은 양 선수 모두가 50수 동안 폰을 움직인 적이 없고, 상대방의 기물을 잡은 적도 없다면 무승부가 된다고 규정합니다.

예전에는 모든 엔드 게임을 50수 이내에 끝낼 수 있다고 생각했습니다. 그러나 체스 연구자들이 50수보다 많은 수가 걸리는 게임을 발견한 이후 이런 생각은 바뀌었습니다. 점점 더 복잡한 게임이 발견되자 세계체스연맹은 1984년 규정에서 50수 규칙에 6가지 예외 조건을 붙였습니다. 50수라는 규칙 기준이 75수로 늘어난 것입니다. 하지만 체스에 컴퓨터가 사용되면서 무려 517수가 필요한 게임까지 발견되었습니다. 상황이 이렇게 되자 세계체스연맹은 규정에 예외 조건을 다는 일을 포기하고, 전과 같이 50수로 규정을 바꾸었습니다.

● 기물 부족

마지막으로 무승부가 되는 경우는 양 선수 모두에게 체크메이트를 할 수 있는 기물이 남아 있지 않을 때입니다. 이런 경우 어느 한쪽의 제안이 없더라도 자동으로 무승부가 됩니다. 예를 들어 모든 기물과 폰들이 잡혔고, 오로지 백 킹과 흑 킹만이 남아 있다면 게임이 무승부로 종료됩니다. 현실에서 이런 경우가 일어나는 일은 별로 없습니다.

연습 문제 : 13

다음은 무한 체크와 스테일메이트 무승부를 찾아내는 문제입니다. 답은 대수 기보법으로 적으세요.

1. 백이 1 ♕×f7로 흑 폰을 잡는 것이 좋은 수일까요? 아니면 나쁜 수일까요?

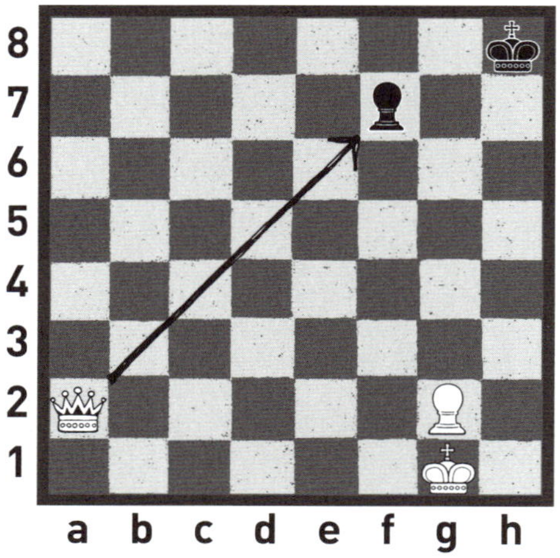

2. 백 킹을 움직일 곳이 없지만 체크는 아닌 이 상황은 스테일메이트인가요?

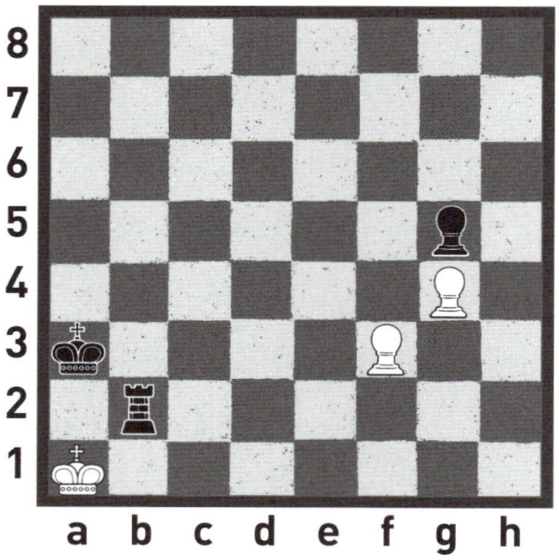

3. 백이 움직일 수 있는 최선의 수를 찾고, 왜 무승부가 되는지 설명하세요.

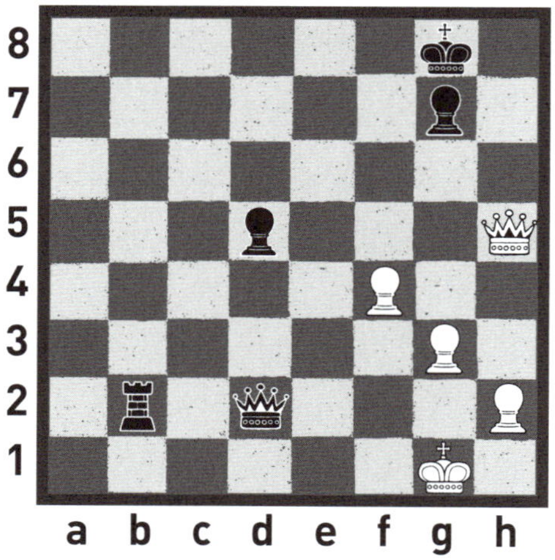

4. 흑이 둘 차례입니다. 그런데 이 상황에서 결국 무승부가 된다면 이유가 무엇일까요?

해답: 157쪽

승리를 위한 체크메이트

승리하기 위한 가장 기본적인 전략은 상대방 기물들을 대부분 잡은 다음 퀸이나 룩으로 체크메이트를 하는 것입니다.

첫 게임에서 승리하기

체스에서 어떻게 승리할 수 있습니까? 상대방에게 체크메이트를 안기면 됩니다. 여기에는 여러 가지 방법이 있습니다. 가장 좋은 전략은 우선 상대방 기물들을 하나둘씩 뺏는 것입니다. 결국 상대방보다 기물이 더 많이 남아 있다면 비교적 쉽게 체크메이트를 할 수 있을 것입니다. 또 다른 방법은 엔딩에서 폰을 퀸으로 승진시키는 것입니다. 상대방보다 퀸이 더 많다면 상대방 킹을 쉽게 체크메이트할 수 있습니다.

게임 중반에 총공격을 하는 것도 승리를 향한 또 다른 전략입니다. 기물들을 총동원하여 상대방의 킹을 공격하면 체크메이트할 수 있습니다. 기본적인 전략들을 배웠습니다. 이제 퀸으로 상대방의 킹을 체크메이트하는 방법을 알아봅시다.

킹과 퀸으로 체크메이트하기

퀸으로 상대방의 킹을 체크메이트하기 위해서는 킹을 활용하여 **상대 킹을 체스판 가장자리로** 몰아냅니다. 다음 그림 6개는 전형적인 체크메이트 전략을 보여줍니다.

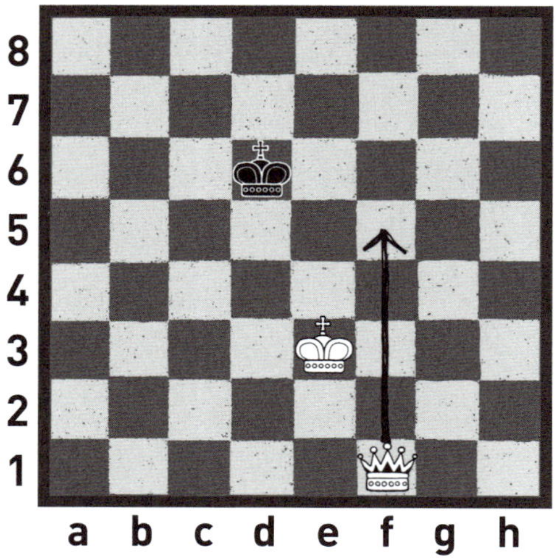

먼저, **1 ♕f5**로 흑 킹이 움직일 수 있는 곳을 줄입니다. 흑이 **1...♚c6** 하면 백 킹은 **2 ♔d4** 하며 흑 킹을 체스판 가장자리로 몰아갑니다.

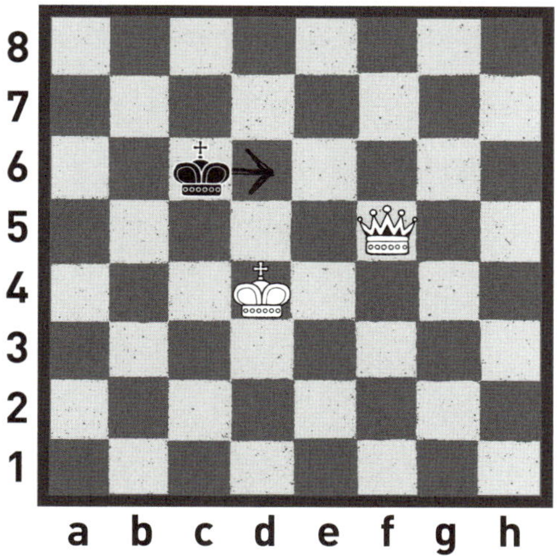

이제 **2...♚d6 3 ♕f6+**로 흑 킹이 한 랭크 뒤로 물러나게 합니다. 계속해서 **3...♚d7 4 ♔c5!**로 백 킹이 또 한 번 전진을 합니다.

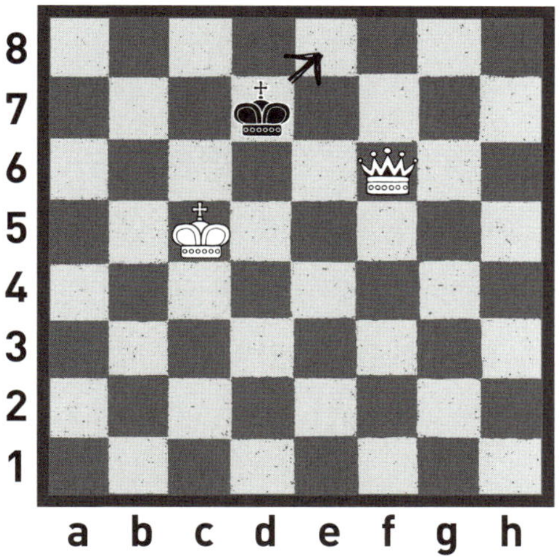

백이 흑의 숨통을 점점 조이고 있습니다. 만일 흑이 4...♚c7을 한다면, 5 ♕e7+로 흑 킹을 뒤로 물러나게 합니다. 옆 그림에서 흑은 **4...♚e8**로 교묘하게 스테일메이트 함정을 만들었습니다.

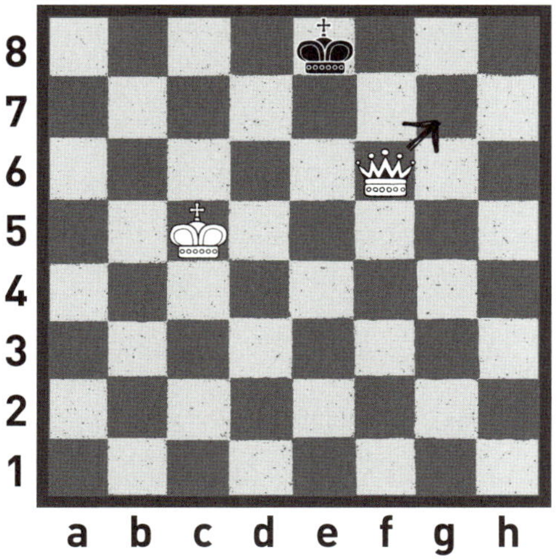

백에게는 매우 중요한 순간이 왔습니다. 흑에게 스테일메이트 무승부를 선사하는 5 ♔d6이나 5 ♔c6 같은 실수를 범하면 안 됩니다. 여기서 묘수는 **5 ♕g7**입니다.

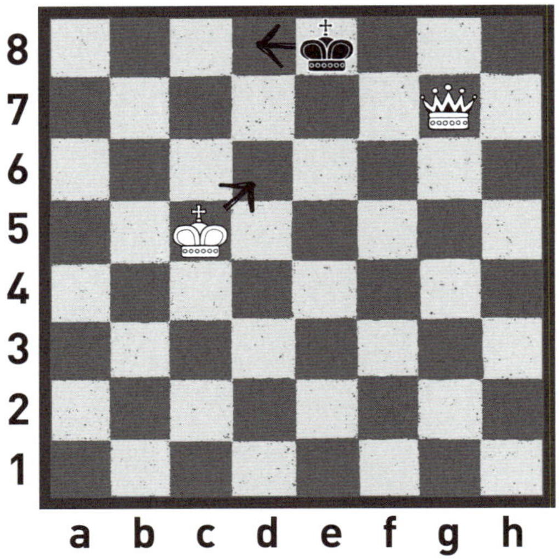

백 퀸 때문에 흑 킹의 움직임이 제한된 것이 보입니까? 이제 흑 킹은 체스판 가장자리에서 벗어날 수 없습니다. 흑은 **5...♚d8**을 하고, 백은 **♔d6**으로 다가갑니다.

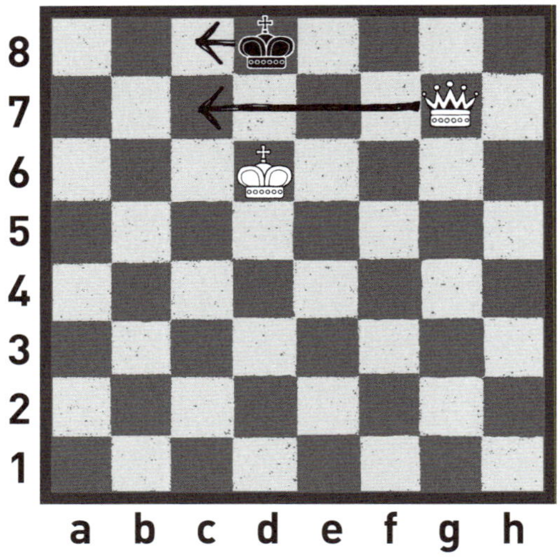

흑에게는 대책이 없습니다. 흑이 **6...♚c8**을 하고 나면 백은 **7 ♕c7**로 체크메이트를 할 것입니다. 만일 흑이 6...♚e8을 했다면 백은 7 ♕e7 또는 7 ♕g8로 체크메이트할 수 있습니다.

● 스테일메이트 함정 조심!

조금만 연습한다면 킹과 퀸으로 상대방의 킹을 쉽게 체크메이트할 수 있습니다. 그러나 실수로 스테일메이트에 빠지지 않도록 집중해야 합니다. 상대의 킹이 체크가 아닌 상황에서 규칙상 움직일 곳이 없다면 스테일메이트 무승부가 된다는 것을 기억하세요.

퀸과 룩으로 체크메이트하기

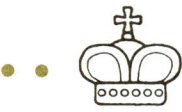

퀸과 룩이 협동하면 쉽고 빠르게 체크메이트를 할 수 있습니다. 대표적인 예를 알아 봅시다.

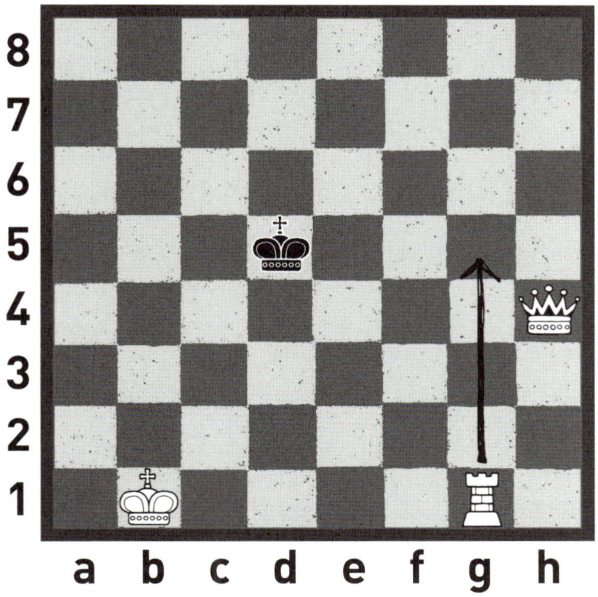

백이 **1 ♖g5+** 하면 흑 킹은 뒤로 물러날 수밖에 없습니다. 1...♚d6 또는 6번째 랭크 어디로 이동해도 마찬가지입니다. 이 방법으로 백은 흑 킹을 체스판 가장자리로 몰아갑니다.

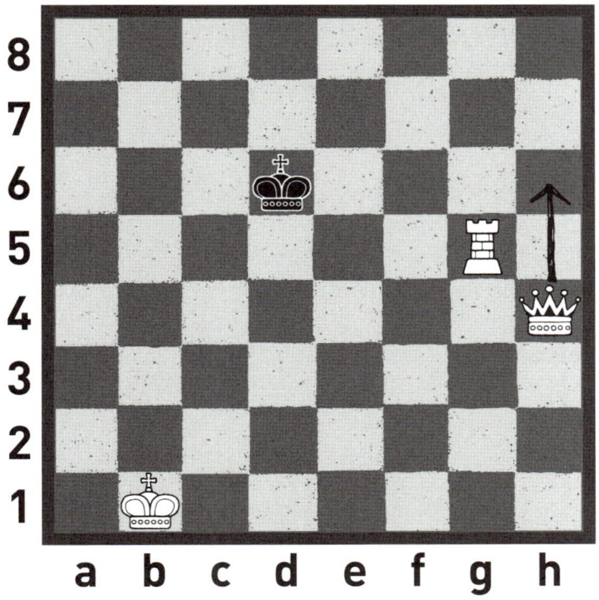

2 ♕h6+로 백은 계속해서 흑 킹을 뒤로 물러나게 합니다. 흑은 이번에도 2...♚d7 같은 수로 뒤로 물러나야만 합니다. 2...♚c7이나 2...♚e7로 이동할 수도 있습니다.

다시 백이 둘 차례입니다. **3 ♖g7+ ♚d8**이면 흑 킹이 체스판 가장자리까지 물러났으니 백의 목표는 거의 달성되었습니다.

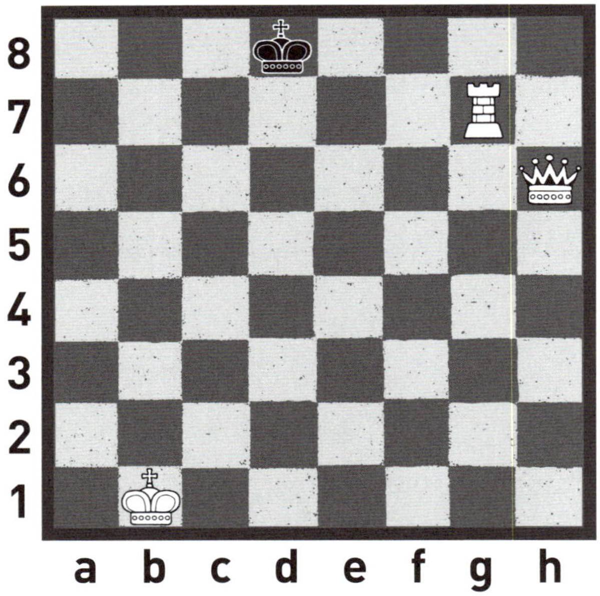

옆 그림에서 흑 킹은 더 물러 날 곳이 없습니다. 이 게임은 어떻게 마무리가 될까요? **4 ♕h8**로 체크메이트를 하는 방법을 찾았나요? 그렇다면 아주 잘한 겁니다.

룩 2개로 체크메이트하기

룩 2개로 상대의 킹을 체스판 가장자리로 몰아가는 기술을 씁니다. 상대방은 킹으로 룩들에게 반격을 시도할 것입니다. 그러나 룩들은 쉽게 공격을 피할 수 있습니다.

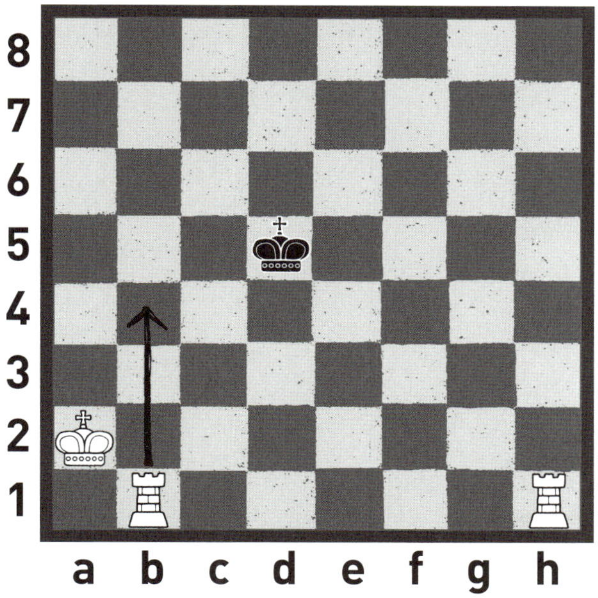

먼저 백이 둘 차례입니다. 백은 **1 ♖b4**로 4번 랭크를 점령하고, 2 ♖h5+로 흑 킹을 뒤로 밀어낼 준비를 합니다. 그러나 흑은 **1...♚c5**로 반격합니다.

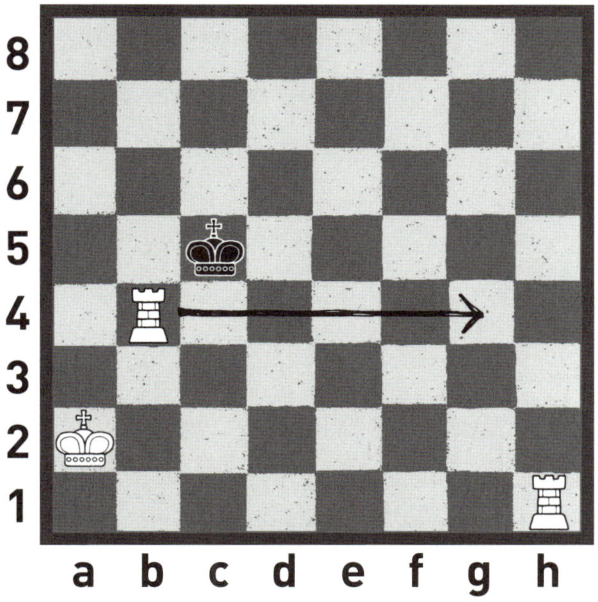

흑 킹이 백 룩을 공격하고 있습니다. 백은 **2 ♖g4**로 위험에서 멀리 벗어납니다. **2...♚d5** 이후에도 백은 **3 ♖h5+ ♚e6 4 ♖g6+**로 처음 계획을 진행합니다.

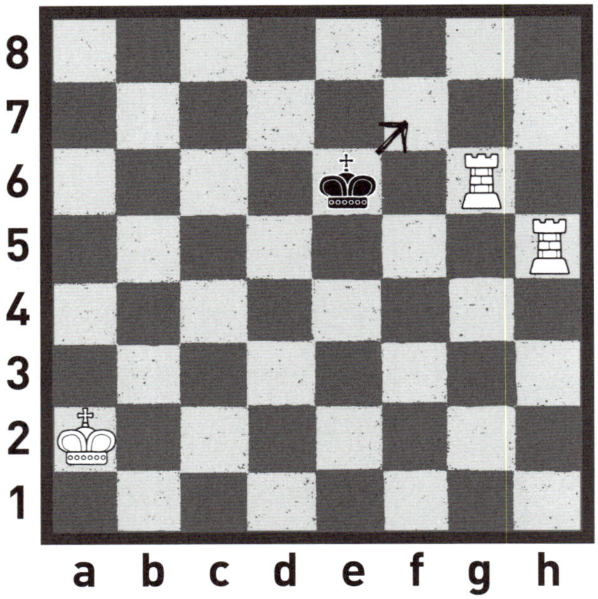

점차 흑 킹이 체스판의 가장 자리로 몰리고 있습니다. 흑의 **4...♚f7** 반격은 시간을 벌 뿐입니다. 계속 **5 ♖a6 ♚g7 6 ♖b5 ♚f7**로 게임을 진행합니다.

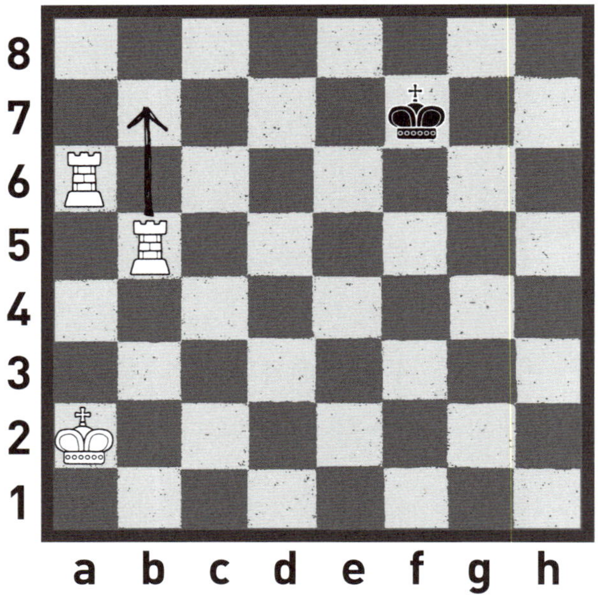

백은 룩들을 재배치한 뒤 2수만에 체크메이트를 합니다. **7 ♖b7+ ♚e8**이 됩니다. 흑 킹이 g8이나 f8로 이동해도 상황은 똑같습니다. **8 ♖a8**로 백은 체크메이트를 합니다.

연습 문제 : 14

다음은 퀸과 룩을 활용하여 체크메이트하는 방법을 점검하는 문제입니다. 대수 기보법으로 답을 적으세요.

1. 백 킹이 체스판 가장자리에 몰렸습니다. 이 상황에서 흑은 몇 가지 방법으로 1수 만에 체크메이트를 할 수 있을까요?

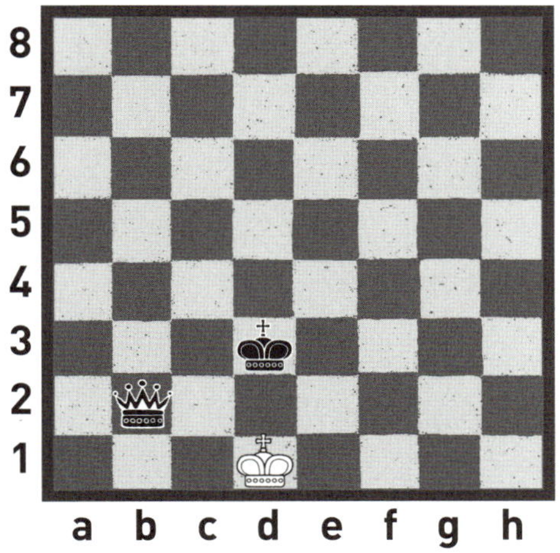

2. 흑 킹이 움직일 곳이 없습니다. 백은 1 ♔c5로 킹을 접근시켜야 할까요, 아니면 1 ♕b2로 흑 킹을 가둬야 할까요?

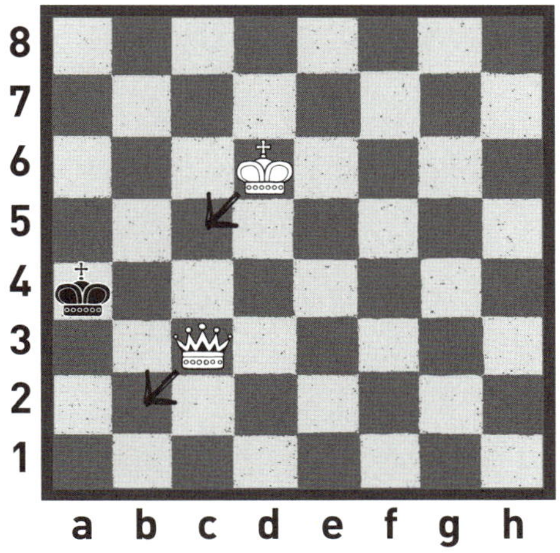

3. 아래의 상황에서 백이 어떻게 하면 1수 만에 체크메이트를 할 수 있을까요?

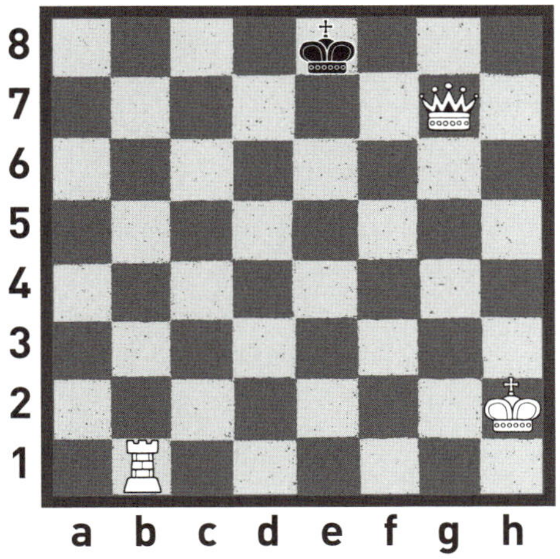

4. 흑 룩들이 어떻게 서로 번갈아 움직이며 2수 만에 체크메이트를 할 수 있을까요?

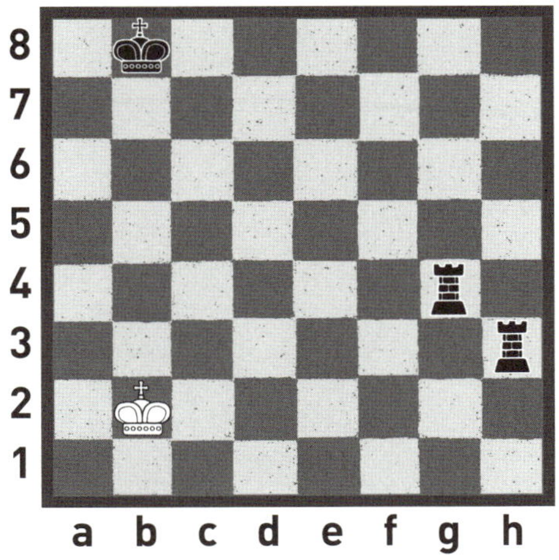

해답: 158쪽

5장 오프닝과 전략 전술

CHESS FOR CHILDREN

체스판 위에서 확실하게 승리하려면 우리가 전략 전술이라고 부르는 것이 필요합니다. 전략 전술은 특별한 경로로 기물들을 움직이는 방법입니다. 유용한 전략 전술 몇 가지만 익혀도 쉽게 승리할 수 있습니다. 체스에는 매우 많은 전략 전술들이 있는데, 5장에서는 중요한 전술 3가지를 배워 볼 것입니다. 그리고 전략적으로 게임을 시작하는 방법인 오프닝에 대해서도 알아볼 것입니다.

폴은 지금 여러 가지 체스 전술에 당해 기분이 엉망입니다.
핀, 포크, 스큐어. 이런! 심지어 고슴도치에게도 당했네요.

포크

우리는 앞으로 체스 전술을 몇 가지 배울 것입니다. 전술이란 건 무엇일까요? 체스 게임을 하는 도중 양 선수는 상대의 기물을 빼앗고 자신의 기물을 지키기 위해 여러 가지 가능성을 머릿속으로 끊임없이 계산합니다.

예를 들면 '내가 비숍을 여기로 움직이면, 상대방이 내 폰을 잡겠지? 그러면 나는 저 룩을 잡아야지'라고 머릿속으로 생각합니다. 이것이 전술입니다. 이 같은 전술은 그 종류가 매우 다양하지만 가장 중요한 것으로 포크, 핀, 스큐어를 꼽을 수 있습니다. 그럼 가장 먼저 포크에 대해서 알아봅시다.

포크란 **이중 공격을** 뜻합니다. 즉 하나의 기물로 상대방의 기물 2개 이상을 동시에 공격하는 것을 말합니다. 다음 그림에서 나이트의 활약을 봅시다.

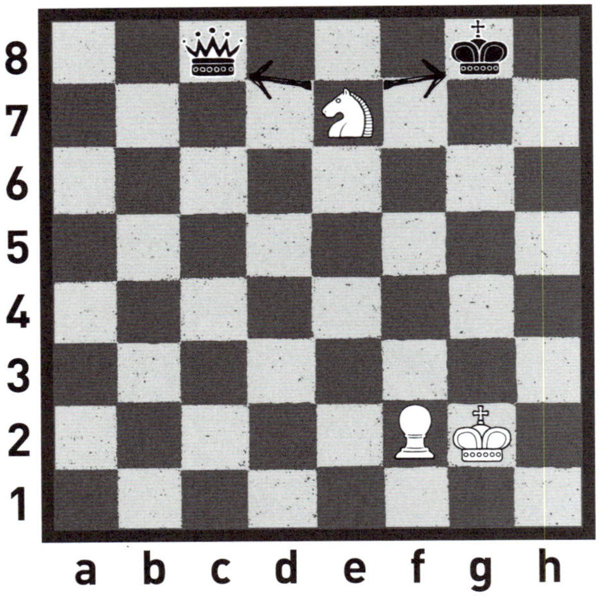

위 그림에서 백 나이트는 포크의 좋은 예를 보여 주고 있습니다. 백 나이트가 상대방의 중요한 기물 2개(흑 킹과 퀸)를 동시에 공격하고 있습니다. 흑은 자신의 킹을 지키기 위해 아마도 안전한 f7로 킹을 이동시킬 것입니다. 다음 그림을 봅시다.

흑 킹은 체크를 받았기 때문에 우리의 예상대로 f7로 움직였습니다. 이제 백 나이트의 공격권 안에는 흑 퀸만이 있습니다. 백이 나이트 포크로 흑 퀸을 잡습니다. 포크는 독특한 움직임을 가진 나이트로 하는 경우가 많습니다. 하지만 나이트가 아닌 기물로도 얼마든지 할 수 있습니다. 아래가 그 예입니다.

옆 그림에서 백이 1 e4를 한다면 흑 나이트와 흑 비숍은 포크에 걸립니다. 백 폰이 흑의 기물 2개를 동시에 공격하는 것입니다. 흑 비숍이 백 폰을 잡는다 해도 곧바로 다른 백 폰의 공격을 받습니다.

포크 연습하기

포크에 성공하면 상대방이 공격을 알아차려도 소용이 없습니다. 결국 상대는 자신의 기물 중 하나를 반드시 잃습니다. 1수 만에 기물 2개를 모두 살릴 수는 없기 때문입니다.

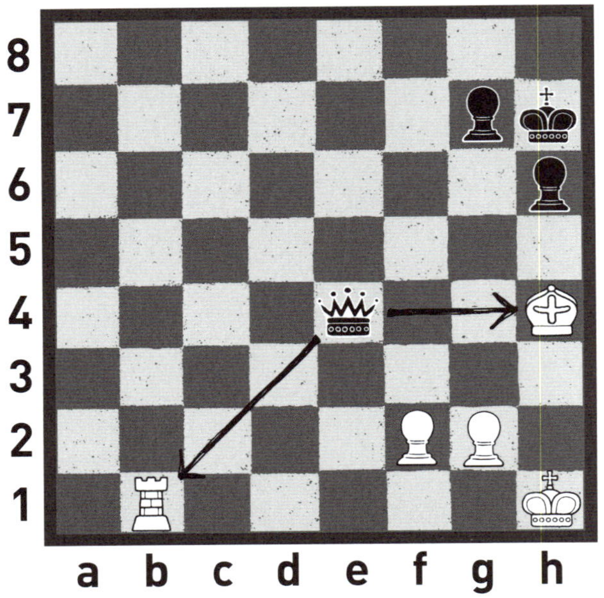

옆 그림에서 흑 퀸이 백 기물 2개를 동시에 공격하고 있습니다. 백이 둘 차례임에도 불구하고 백은 룩과 비숍 둘 중 하나를 잃을 것입니다.

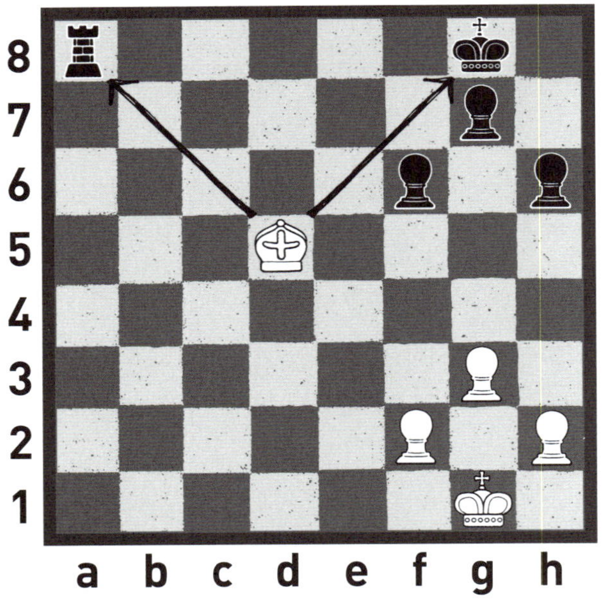

이 상황에서 백 비숍이 흑 킹과 룩을 포크했습니다. 체크이기 때문에 흑 킹은 체크에서 벗어나려고 이동합니다. 그 뒤, 백은 1 ♗×a8로 흑 룩을 잡습니다.

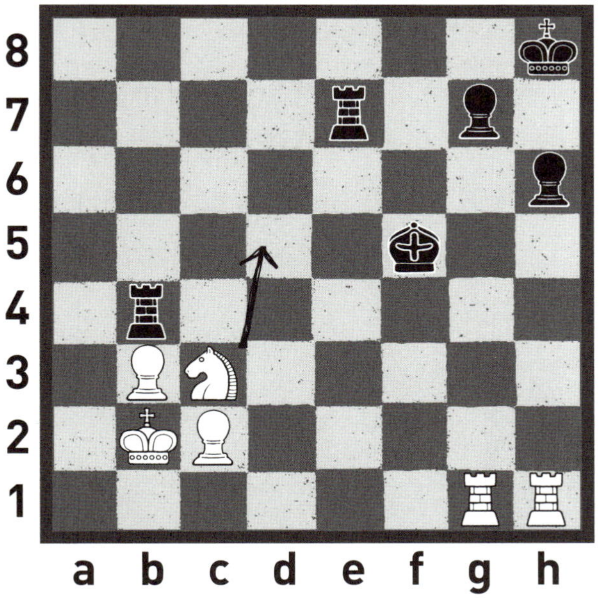

이 상황에서 백 나이트로 포크를 할 수 있을까요? 1 ♘d5로 백은 흑 룩 2개를 포크할 수 있습니다. 다음 그림을 볼까요?

포크에 빠진 흑 룩 2개 중 하나는 이동해야 합니다. 흑은 b-룩을 b7로 이동시킵니다. 백이 나이트로 흑 룩을 잡으면 백 나이트도 상대방에게 잡힙니다(1... ♜bb7 2 ♘×e7 ♜×e7). 하지만 상관없습니다. 룩과 나이트의 교환은 백에게 이득이기 때문입니다.

핀

어떤 기물이 공격을 받았는데 그 뒤에 더 높은 가치의 기물이 있어서 **함부로 움직일 수 없는 경우가** 있습니다. 이때를 핀이라고 합니다. 전혀 위협이 되지 않는 핀들도 있지만, 어떤 핀들은 치명적입니다. 여기 퀸이 상대방의 비숍과 교환되는 끔찍한 예가 있습니다.

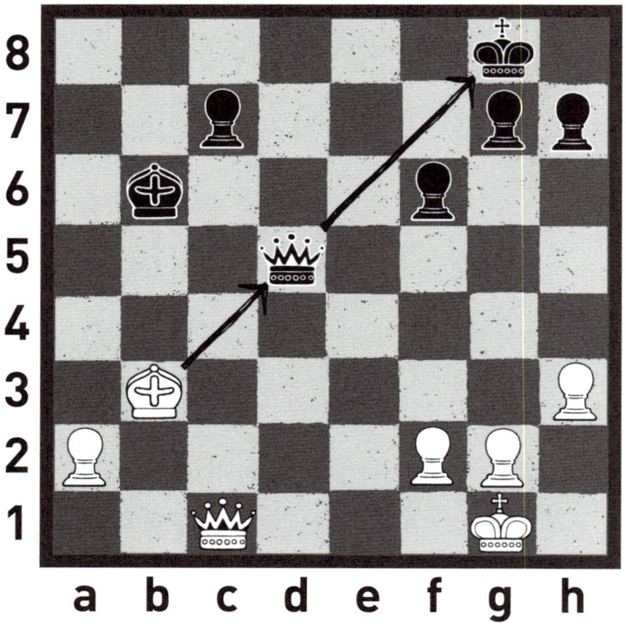

백 비숍이 흑 킹을 뒤에 둔 흑 퀸에 핀을 건 상황입니다. 흑 퀸이 움직인다면 대각선 뒤에 있는 흑 킹이 백 비숍에게 바로 공격을 받습니다. 이 때문에 흑 퀸은 움직일 수가 없습니다. 결국 백은 비숍으로 폰 9개짜리 흑 퀸을 잡습니다.

핀의 다른 예

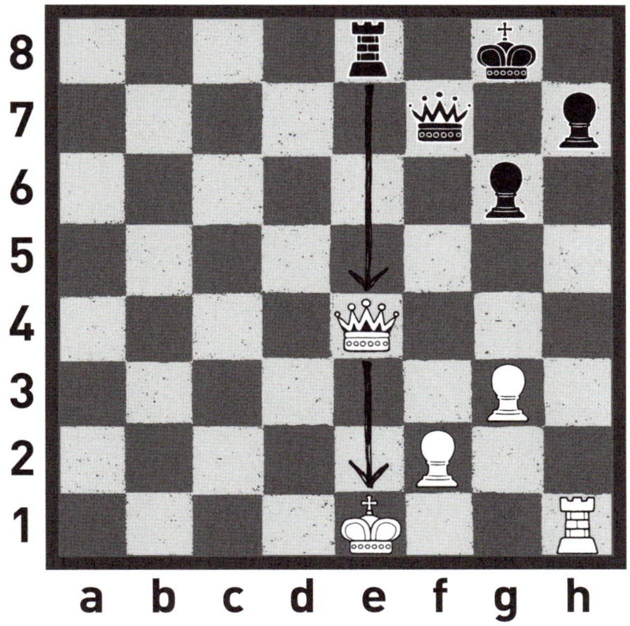

흑 룩에게 공격받은 백 퀸은 치명적인 핀에 걸렸습니다. 뒤에 있는 백 킹 때문에 백 퀸은 핀을 벗어날 수 없습니다. 백이 둘 차례여서 백 퀸이 흑 룩을 잡지만, 백은 결국 퀸을 잃게 됩니다.

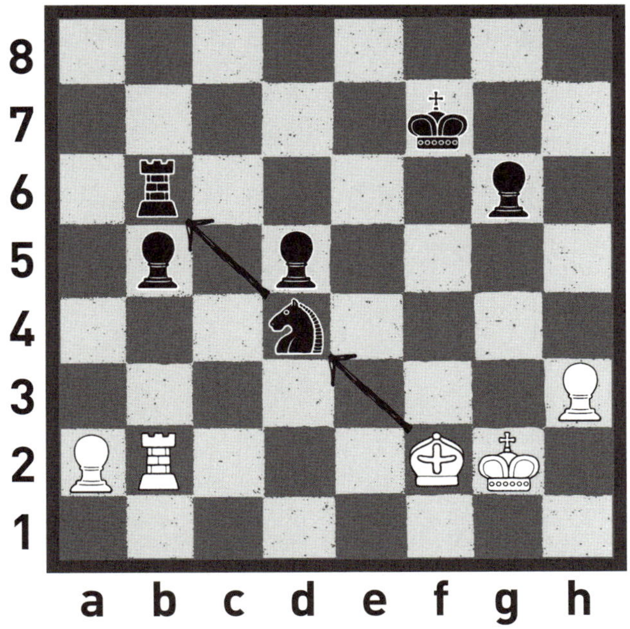

왼쪽 그림에서 흑 나이트는 희생될 수밖에 없습니다. 뒤에 있는 흑 룩 때문에 흑 나이트는 백 비숍에게 핀이 걸려 있습니다. 흑 나이트가 위험을 피한다면 백 비숍은 더 가치가 높은 흑 룩을 잡을 것입니다.

스큐어

스큐어는 같은 파일, 랭크 또는 대각선에서 상대방 기물 2개를 공격할 때 발생합니다. **앞에 있는 보다 가치가 높은 기물이** 공격을 피하면 뒤에 있던 기물이 피해를 입습니다.

위 그림은 스큐어에 걸린 흑의 상황을 잘 보여 주고 있습니다. 백 룩의 체크를 받은 흑은 킹을 움직여야 합니다. 이 때문에 흑은 룩을 잃게 됩니다. 1...♚e7 이후 2 ♖×h8로 흑 룩을 잡습니다.

간단한 비숍 스큐어

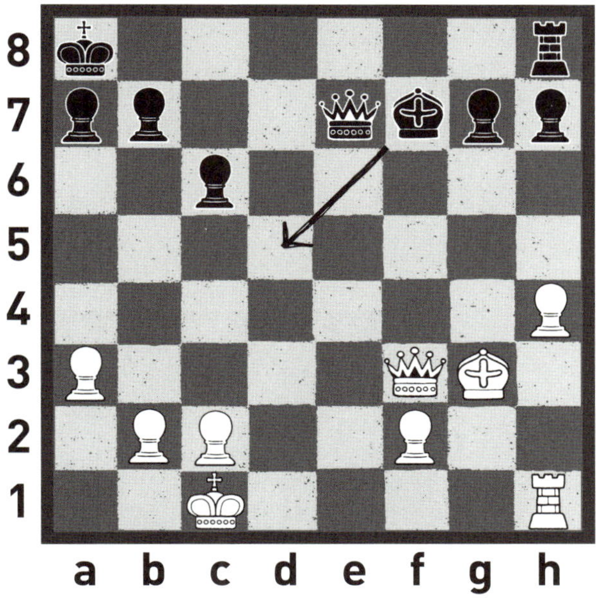

왼쪽 그림에서 양쪽은 가지고 있는 기물이 똑같습니다(각 퀸, 룩, 비숍에 폰 5개). 그러나 흑은 1...♝d5로 백 퀸과 룩을 스큐어합니다. 아래를 봅시다.

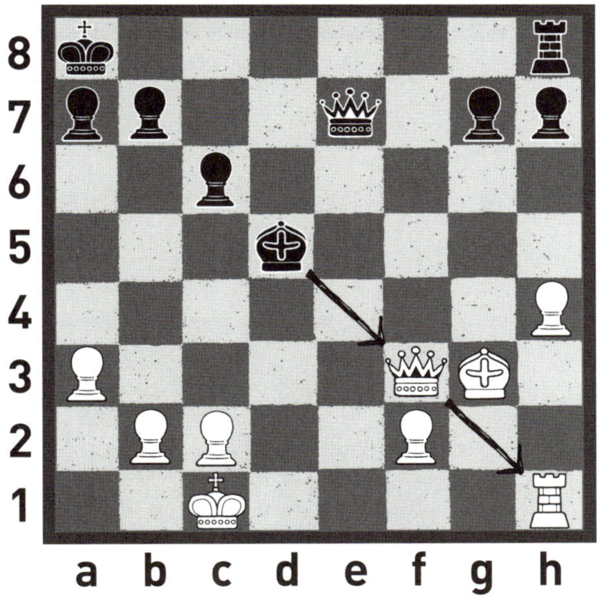

이제 백이 둘 차례입니다. 당연히 백은 가치가 더 높은 퀸을 살리고 룩을 희생할 것입니다.

2 ♕d1 ♝×h1 3 ♕×h1로 흑은 폰 3개짜리 비숍을 내주고 폰 5개짜리 룩을 얻습니다. 이처럼 비숍은 스큐어에 자주 이용되는 기물입니다.

연습 문제 : 15

상대방 기물과 폰을 잡아내는 핵심은 전술입니다. 대수 기보법으로 답을 적으면서 전술을 익혀 봅시다.

1. 다음에서 백 나이트로 강력한 포크를 할 수 있을까요?

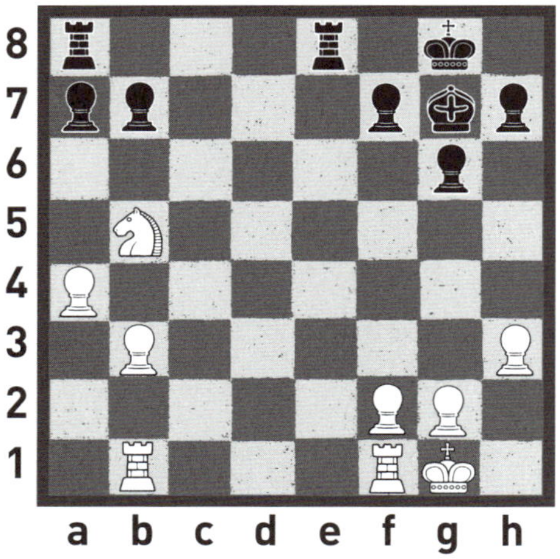

2. 흑 퀸으로 게임을 승리로 이끌 수 있는 강력한 포크는 어떤 수인가요?

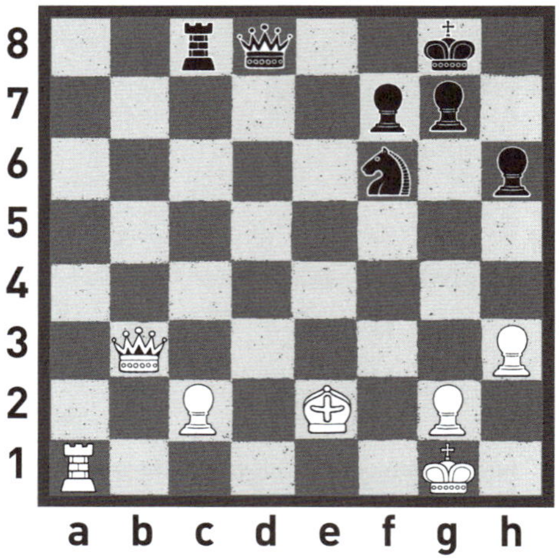

3. 아래에서 백은 흑 퀸에 핀을 걸 수 있습니다. 어떤 수인가요?

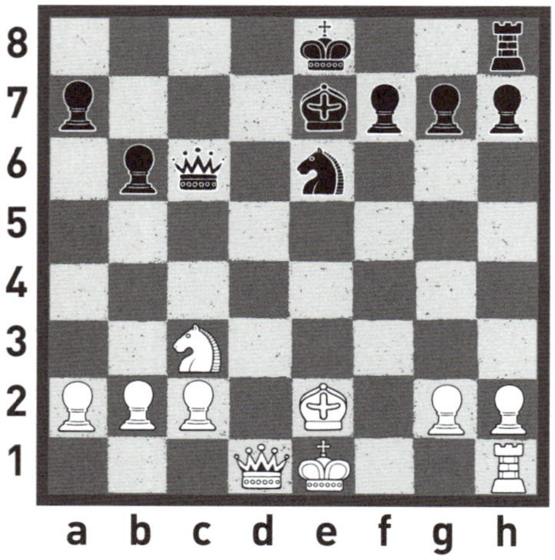

4. 흑이 승리를 따낼 수 있는 강력한 수는 무엇인가요?

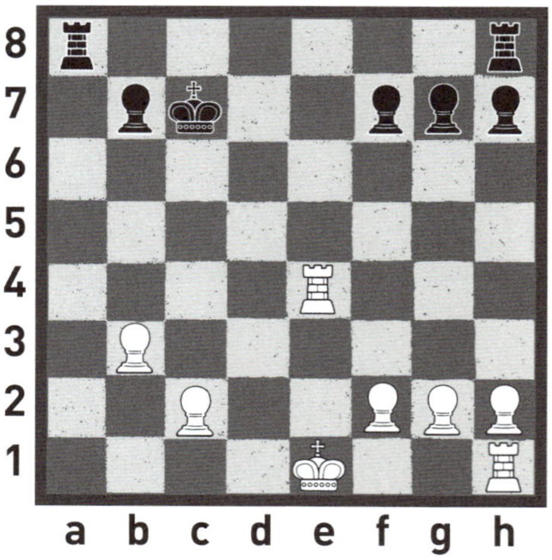

해답: 158쪽

첫 수는 어떻게 시작해야 할까?

디노의 드래곤 디펜스 전술은 폴을 놀라게 할 것입니다.

체스 오프닝

체스 게임의 초반을 **오프닝**이라고 합니다. 수많은 종류의 오프닝들이 있지만 대부분의 목표는 비슷합니다. 전투에 대비해서 기물들을 **전진에 배치하고**, 체스판 **중앙을** 장악하며, 킹을 안전하게 **캐슬링하는** 것입니다.

기물들을 앞에 배치하려면 폰 몇 개를 움직여야 합니다. 동시에 **중앙을 장악해** 기물들끼리 협력이 잘되도록 해야 합니다. 그럼 오프닝 전략 중 하나인 프렌치 디펜스를 살펴봅시다.

프렌치 디펜스

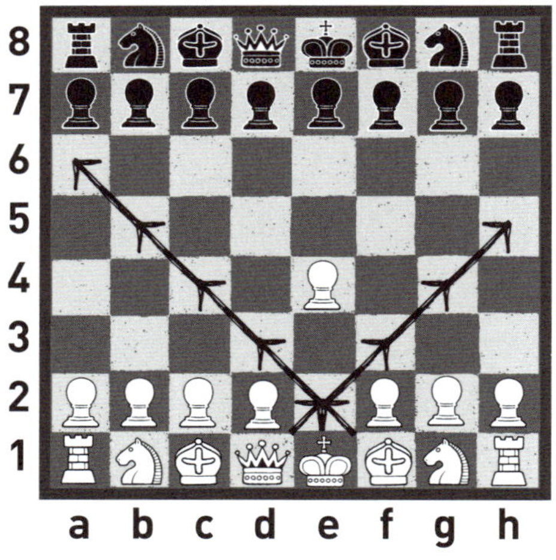

백은 **1 e4**를 했습니다. 백 기물들의 진로를 열어 주는 가장 흔한 첫 수입니다. 이 덕분에 진로가 막혀 있던 백 퀸과 비숍의 길이 확 열렸습니다.

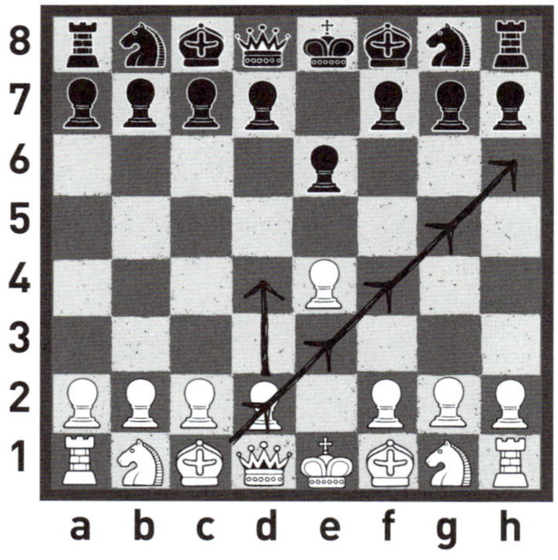

흑은 **1...e6**으로 **프렌치 디펜스**라는 오프닝을 선택했습니다. 백은 **2 d4**로 또 다른 폰을 전진시켜 중앙을 장악하는 수로 응수했습니다.

흑은 2...d5로 폰을 옮겨 중앙에서 반격을 시작합니다. 이에 백은 3 ♘c3로 대응합니다. 이 수로 백은 2가지 목적을 동시에 달성합니다. 백 나이트를 중앙, 즉 활동적인 위치에 포진시켰고, 그와 동시에 e4에 있는 폰도 방어했습니다.

흑이 3...d×e4로 폰 교환을 하면 백은 4 ♘×e4로 폰을 되잡습니다. 이제 양쪽 모두는 기물들을 전진 배치합니다. 다음 수는 이렇게 전개됩니다. 4...♞d7 5 ♘f3 ♞gf6 6 ♘×f6+ (나이트 교환) 6...♞×f6 7 ♗d3.

백 비숍이 d3라는 좋은 자리에서 체스판 중앙을 어떻게 장악하는지 살펴봅시다. 흑이 **7...♝e7** 하고 나면 백은 **8 0-0**으로 캐슬링을 해서 킹을 안전한 곳으로 옮깁니다.

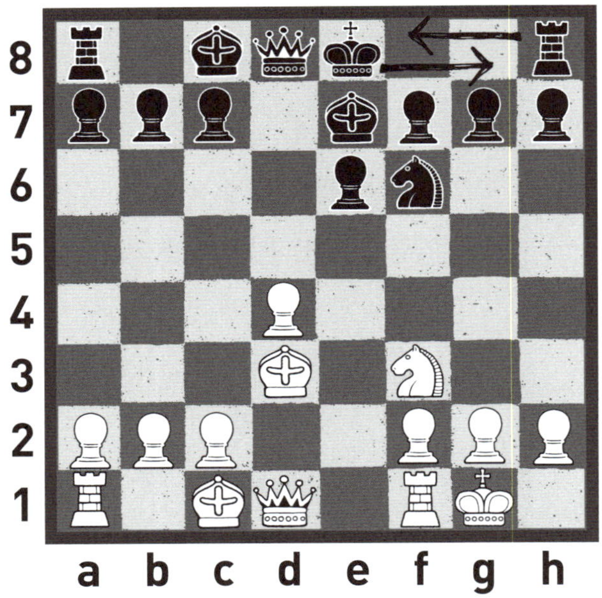

흑도 백처럼 **8...0-0**으로 캐슬링을 하면 오프닝은 거의 종료됩니다. 흑의 캐슬링 뒤에 백이 둘 수 있는 수로는 9 ♖e1, 9 ♗g5 또는 9 ♕e2 등이 있습니다. 이것들은 모두 좋은 수들입니다.

이상 살펴본 프렌치 디펜스에서 확인할 수 있듯, 오프닝에서 백과 흑 사이에 많은 전투가 벌어지지는 않습니다. 약간의 기물 교환(폰 1개와 나이트 1개) 이외에는 양쪽이 중앙 장악과 기물 전진에 집중했습니다.

이상적인 오프닝 포지션

아래 그림은 백에게 가장 이상적인 오프닝 포지션을 보여 주고 있습니다.

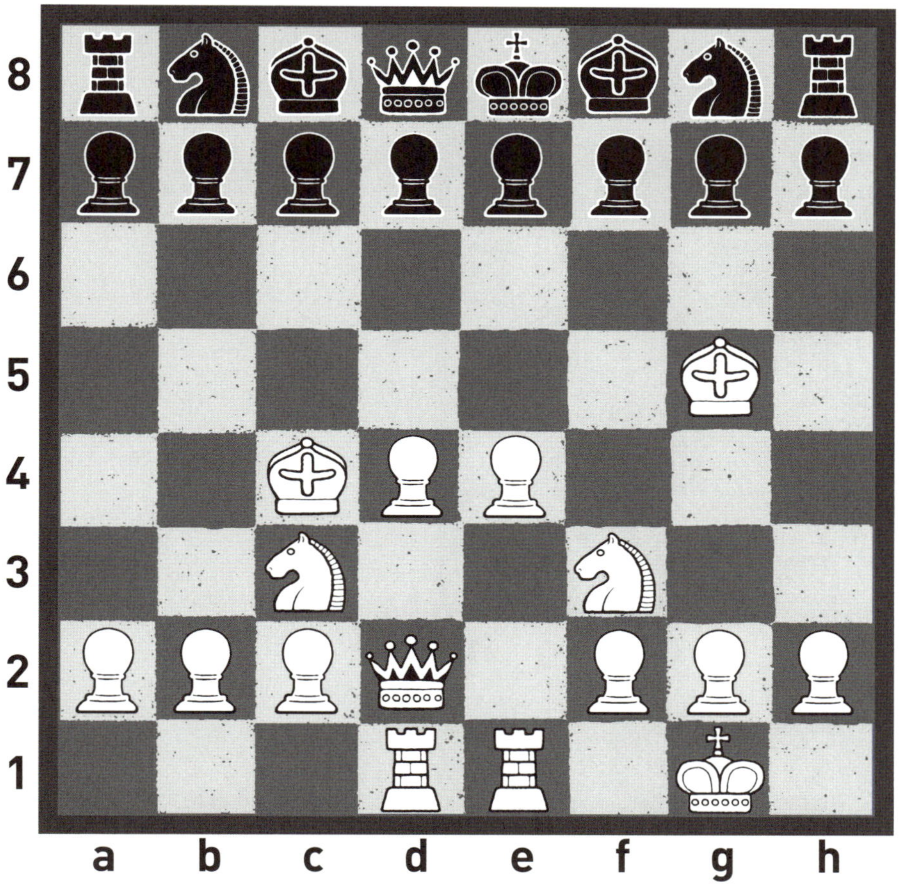

- 먼저 백 폰들이 중앙 d4와 e4 자리를 점령하고 있습니다.
- 백 비숍과 나이트들이 활동적인 자리에서 중앙을 장악했습니다.
- 백 퀸이 앞으로 나왔지만 상대방 기물의 공격을 받을 정도로 노출된 상태는 아닙니다.
- 백 룩 2개가 모두 d-파일과 e-파일에서 상대를 압박합니다.
- 백 킹이 안전하게 캐슬링을 했습니다.

피해야 할 오프닝 함정

초보자들은 종종 **스콜라의 메이트**라는 오프닝 함정에 빠집니다. 이를 조심하지 않으면 단 4수 만에 체크메이트를 당할 수도 있습니다. 여기서 백은 퀸으로 재빠르게 체크메이트를 노립니다(한국에서는 '번개 메이트'로 알려져 있습니다-역주).

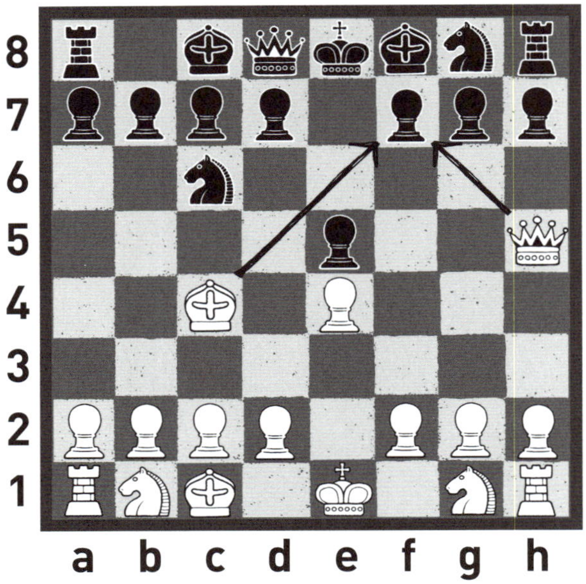

그림에서 확인할 수 있듯 **1 e4 e5 2 ♕h5 ♞c6 3 ♗c4**로 게임이 시작되었습니다. 백이 퀸과 비숍으로 f7을 공격하고 있습니다. 만일 흑이 위협을 알아차리지 못하고 3...d6 같은 수를 둔다면 어떻게 되는지 봅시다.

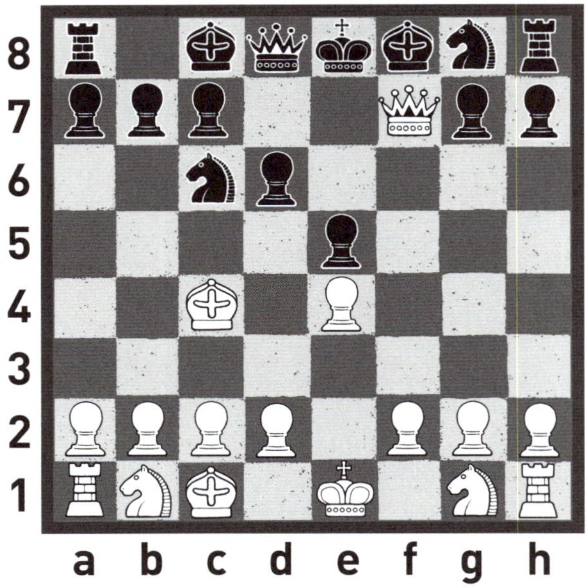

흑에게 엄청난 재앙이 닥쳤습니다. **4 ♕×f7**로 백이 흑 폰을 잡으면서 체크메이트를 했습니다. 백 퀸은 비숍의 보호를 받고 있으므로 흑 킹이 백 퀸을 잡을 수도 없습니다.

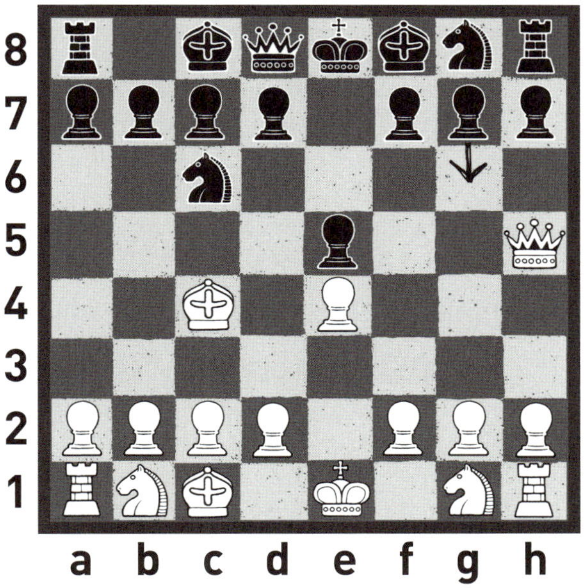

다행히 흑이 조금만 조심한다면 스콜라의 메이트를 당하지 않을 수도 있습니다. 가장 간단한 방법 중에 하나는 백 퀸의 공격로를 가로막는 것입니다. 옆 그림에서처럼 흑이 **3...g6**으로 공격을 가로막으면서 백 퀸에게 반격을 가할 수 있습니다. 백이 **4 ♕f3**으로 다시 f7을 공격하면 **4...♞f6**로 또 한 번 백의 공격을 가로막으면 됩니다.

스콜라의 메이트를 시도한 백에게 흑이 고맙다고 해야 할지도 모릅니다. 왜냐하면 이 상황을 잘만 이용하면 **흑이 더 유리해지기 때문입니다.** 백 퀸이 일찌감치 중앙으로 진출했는데, 상대방 기물들의 공격을 받아 쫓겨 다닐 수도 있습니다. 함정에 빠져 체크메이트만 되지 않는다면, 흑이 더 유리하다는 말입니다.

다른 오프닝들

체스에는 매우 다양한 오프닝들이 있습니다. 몇 가지 오프닝을 알아보겠습니다.

● 퀸 폰 오프닝

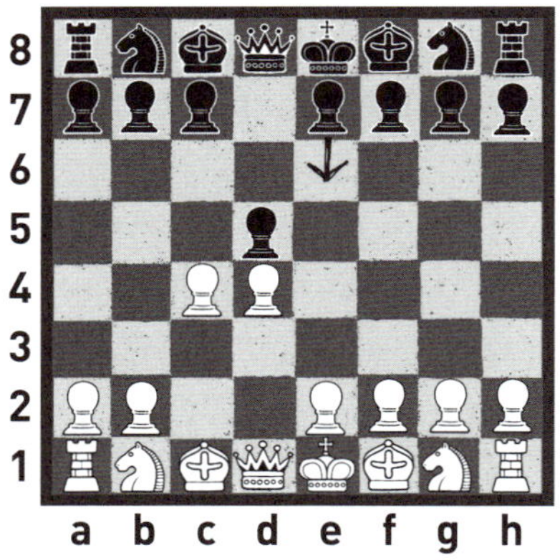

퀸즈 갬빗이라 불리는 오프닝입니다. **1 d4 d5 2 c4** 백이 폰 1개를 '희생'하려 하지만 대부분의 흑은 2...e6으로 희생을 받아 주지 않습니다.

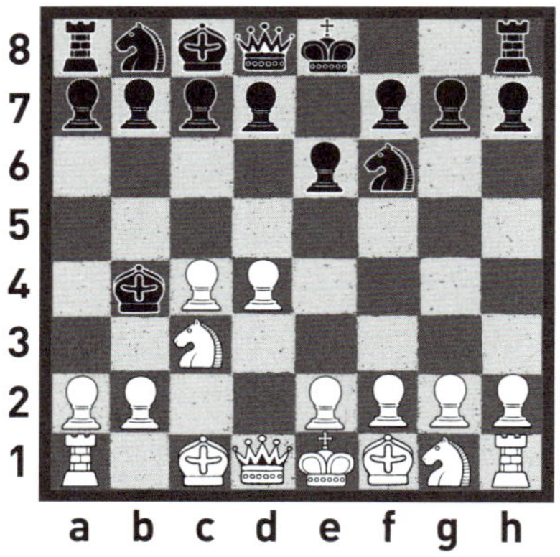

님조-인디언 디펜스입니다. **1 d4 ♞f6 2 c4 e6 3 ♘c3 ♝b4** 흑이 반격하는 시스템이고 흑이 비숍으로 백 나이트를 핀에 걸며 공세를 취하고 있습니다.

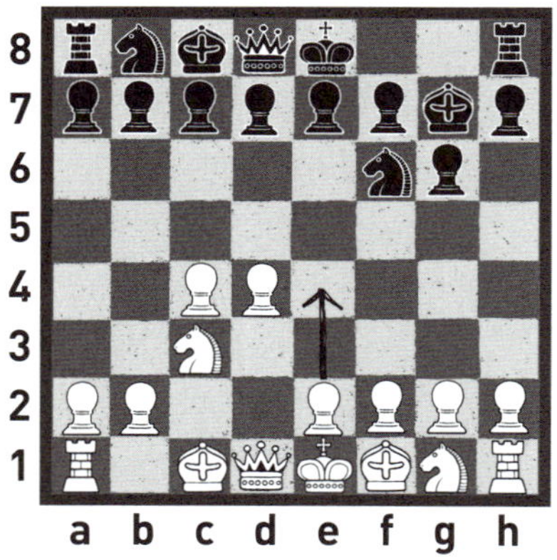

킹스 인디언 디펜스라고 불립니다. **1 d4 ♞f6 2 c4 g6 3 ♘c3 ♝g7** 백이 4 e4로 중앙을 완전하게 장악하도록 흑이 유인합니다. 과연 백의 중앙 장악이 백에게 유리할까요?

●킹 폰 오프닝

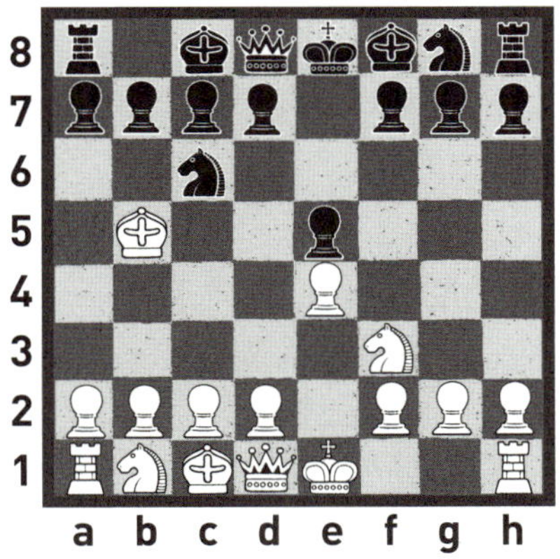

1 e4 e5 2 ♘f3 ♞c6 3 ♗b5 150년 이상 많은 체스 선수들이 애용해 온 오래된 오프닝으로 **루이 로페즈**라고 합니다. 종종 매우 복잡하면서도 닫힌 포지션의 게임들이 전개됩니다.

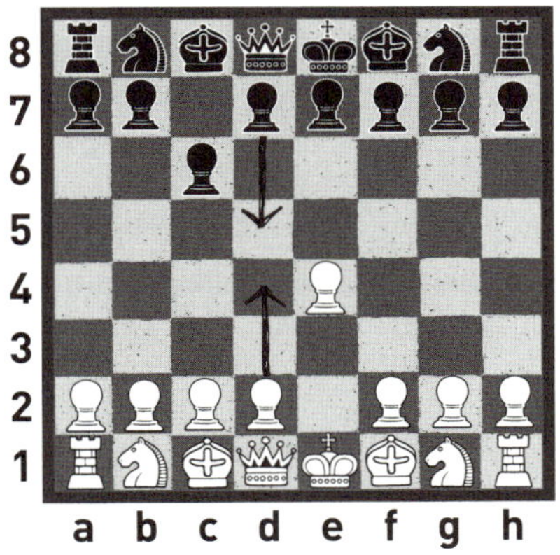

매우 견고하게 여겨지는 오프닝으로 **카로-칸 디펜스**입니다. **1 e4 c6** 이후 대부분 2 d4 d5로 계속해서 진행됩니다.

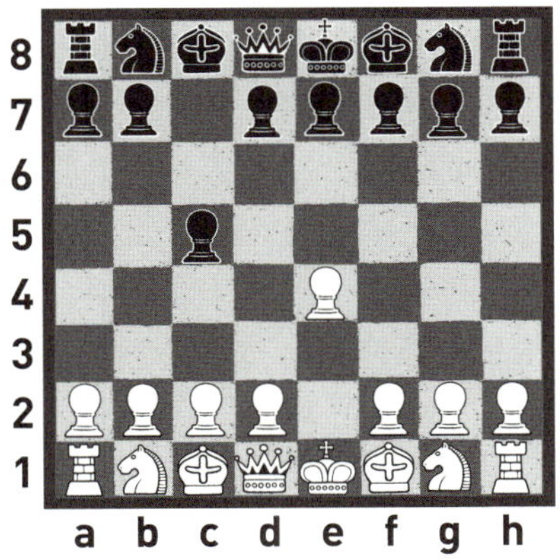

엄청 재미있고 역동적인 디펜스입니다. **시실리안 디펜스**라고 합니다. **1 e4 c5** 이후 나올 수 있는 여러 가지 수들 중에 2 ♘f3 d6 3 d4 c×d4 4 ♘×d4 ♞f6 5 ♘c3 g6으로 진행되는 드래곤 디펜스가 있습니다.

연습 문제 : 16

오프닝 전략을 얼마나 잘 이해하고 있는지 점검합시다. 대수 기보법으로 답을 적으세요.

1. 게임을 시작할 준비가 되었습니다. 첫 수로 1 e4와 1 h3 중 어느 수를 두겠습니까?

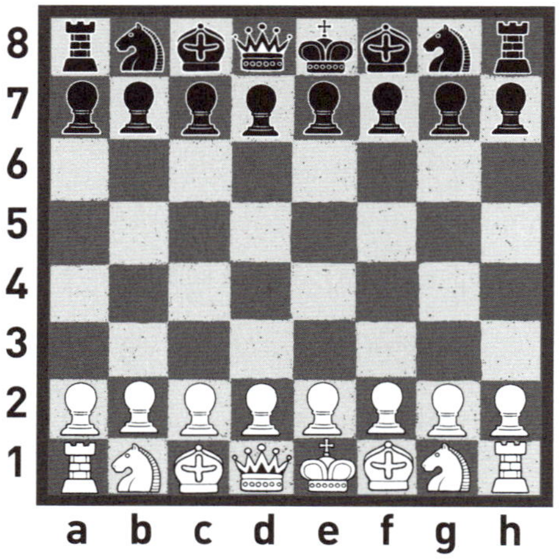

2. 1 e4 e6으로 게임이 시작되었습니다. 이 오프닝의 이름은 무엇인가요?

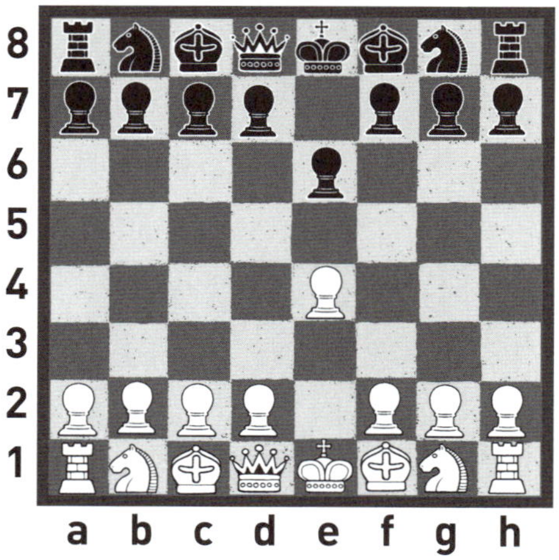

3. 아래 상황에서 3...♞f6으로 백 퀸을 공격하는 수는 흑에게 좋은가요?

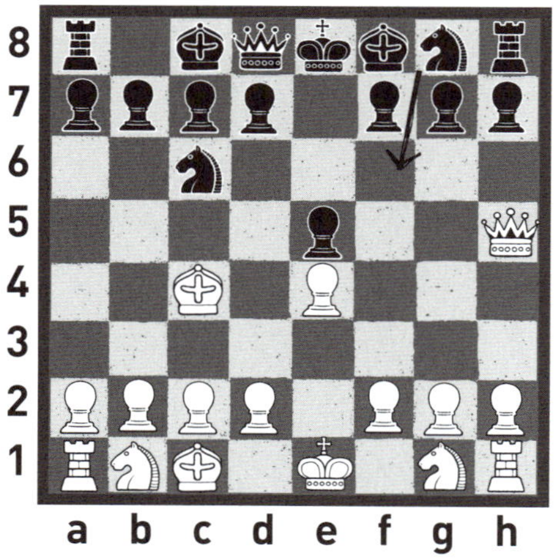

4. 백과 흑 중 누가 더 유리한가요? 이유를 자세하게 설명해 보세요.

해답: 159쪽

전략을 세우자!

체스를 둘 때에는 상대방의 전략과 작전을 읽고 어떤 수가 나올지를 예측해야 합니다.

자신이 직접 게임을 하지 않고

다른 선수들의 게임을 구경하면서 그들의 작전을 예측하는 것도 재미있습니다.

계획과 전략

대략 10~15수가 지나면 양 선수는 기물의 전개를 마친 상태입니다. 그때가 오프닝 단계가 끝나고 **미들게임** 단계가 시작되는 지점입니다. 미들게임에서는 양 선수 모두가 조그마한 이점이라도 얻으려 하기 때문에 섬세하고 정확한 기물 배치와 이동이 필요합니다. 미들게임에 임하는 전략을 정리하면 다음과 같습니다.

- 상대의 기물을 따낼 수 있는 전술이 가능한지 살핍니다.
- 상대방 킹을 체크메이트할 수 있는지 살핍니다. 종종 다른 기물을 희생해 킹을 잡을 수도 있습니다.
- 당장 마땅한 전술이 없다면 기물들을 활동적이고 유용한 자리에 배치합니다.
- 킹을 안전하게 보호합니다. 킹을 안전하게 폰들과 다른 기물들 뒤에 숨깁니다.
- 가장 중요한 것은 앞을 내다보는 것입니다. 상대방이 어떻게 대응할지 예측해야 합니다.

다음 그림은 미들게임에서 벌어지는 공격의 한 예입니다.

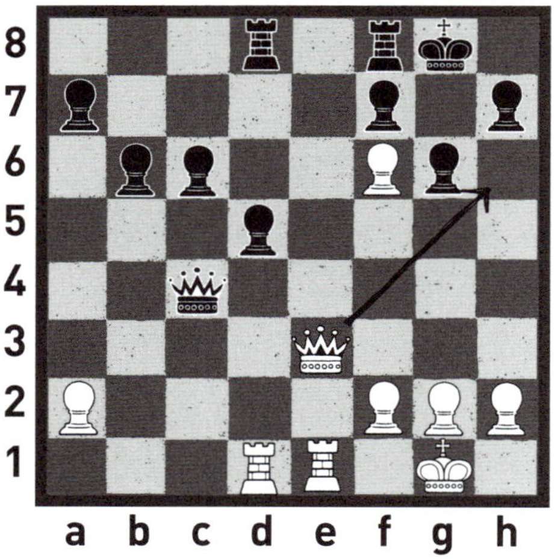

옆 상황은 백이 둘 차례입니다. 흑 킹 주변에 기물이 많지 않지만 의외로 백의 체크메이트 공격이 가능합니다. 그 수는 바로 **1 ♕h6**입니다. 이 수 다음에 백은 2 ♕g7로 체크메이트를 노립니다. 백 퀸은 f6 폰의 보호를 받아 흑 킹이 잡을 수 없습니다. 흑은 백의 체크메이트 위협에도 불구하고 아무것도 할 수 없습니다.

기물 이득을 보는 전술

여기 기물 이득을 보는 간단한 전술이 있습니다. 문제는 백이 나이트로 d5 흑 폰을 잡아야 하는가 하는 점입니다. 흑 폰은 분명 흑 나이트의 보호를 받고 있습니다. 그러나 백 룩 역시 d5-폰을 공격하고 있습니다. d5-폰을 공격하고 있는 백 기물의 수가 d5-폰을 방어하고 있는 흑 기물의 수보다 많습니다. 이것은 백이 흑 폰을 따낼 수 있다는 뜻입니다.

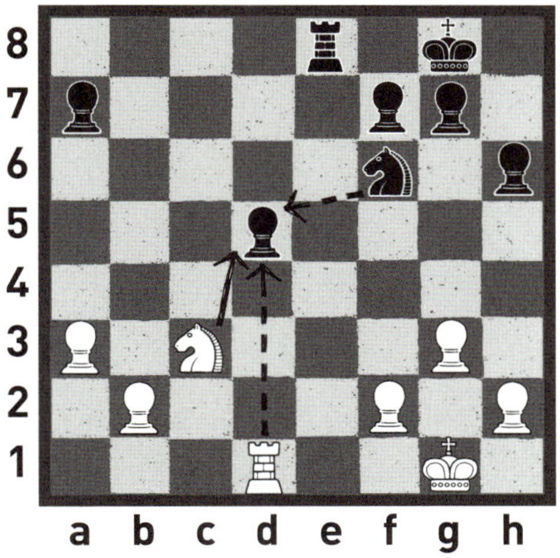

1 ♘×d5 이후에 흑이 **1... ♞×d5**로 백 나이트를 되잡을 수 있는 것은 사실입니다. 그러나 백 역시 **2 ♖×d5**로 흑 나이트를 잡을 수 있습니다.

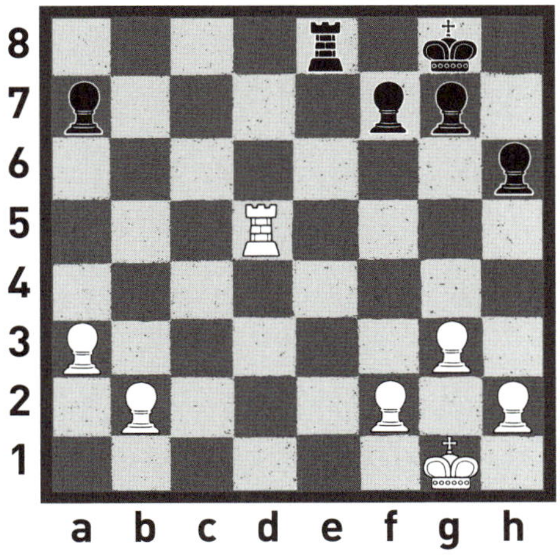

백이 폰 1개의 이득을 봤습니다. 결과가 어떤지 확인해 봅시다. 백은 폰 1개와 나이트 1개를 잡았고 흑은 나이트 1개만 잡았습니다. 백은 폰 1개의 이득을 본 것입니다.

엔딩 전략

미들게임에서는 킹에게 안전이 매우 중요하며, 따라서 폰 뒤에 숨어 있어야 한다는 점을 이미 배웠습니다. 그러나 엔딩에서는 상황이 완전히 달라집니다. 엔딩에서는 킹을 위협하는 기물들이 거의 남아 있지 않습니다. 그러므로 이때는 킹도 적극적으로 활용해야 합니다.

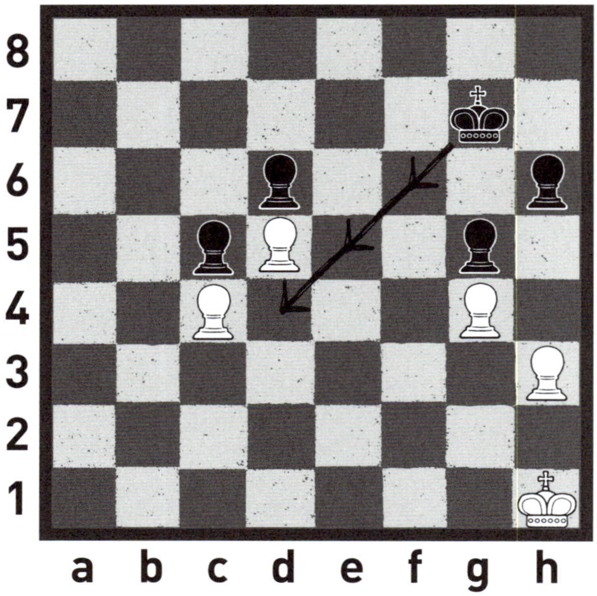

위 그림에서 흑이 승리하는 길은 하나입니다. 흑 킹이 체스판 중앙으로 진격하는 것이죠. 양쪽 모두 강력한 기물들이 사라졌기 때문에 이렇게 킹이 중앙으로 진출해도 안전에 전혀 문제가 없습니다.

1…♚f6 2 ♔g2 ♚e5 3 ♔f3 ♚d4로 게임이 진행되면, 다음 수에 흑 킹이 백의 c4-폰을 잡고 승리할 것입니다.

연습 문제 : 17

다음 문제들은 모두 실제 국제대회에서 있었던 상황입니다. 상대방의 기물을 따내거나 체크메이트를 하는 멋진 전술들을 찾아내야 합니다. 대수 기보법으로 답을 적으세요.

1. 양쪽이 보유한 기물 수는 같지만 백이 퀸을 희생하며 승리할 수 있습니다. 정확한 계산으로 정답을 찾아내세요.

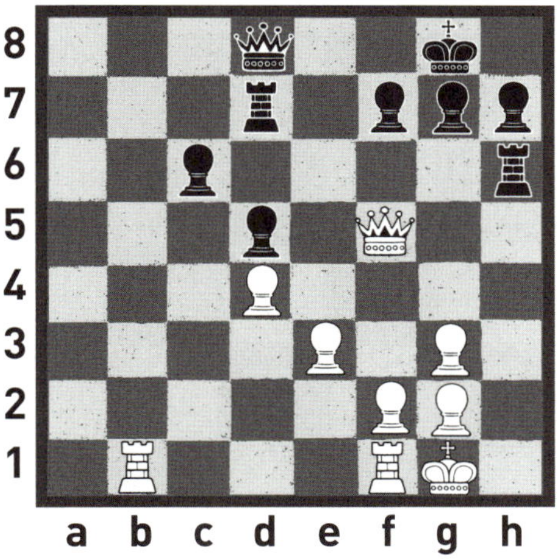

2. 140쪽에서 백이 퀸과 폰만으로 체크메이트한 것을 기억하나요? 아래에서 비슷한 수를 찾아보세요.

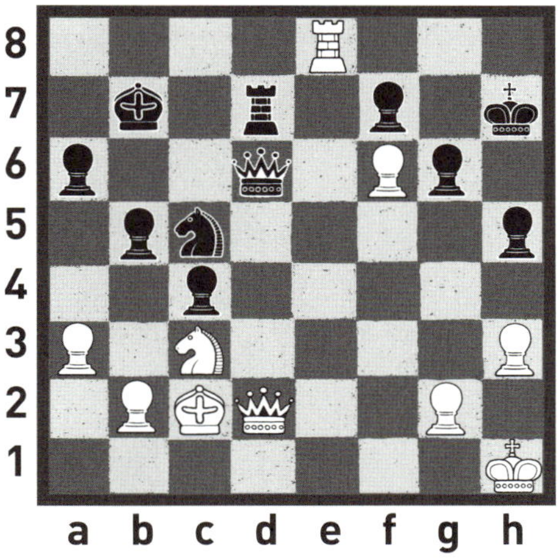

3. 흑 킹 주변에 강력한 백 기물들이 포진해 있습니다. 백 룩으로 백이 흑 킹의 방어막인 폰들을 제거할 수 있을까요?

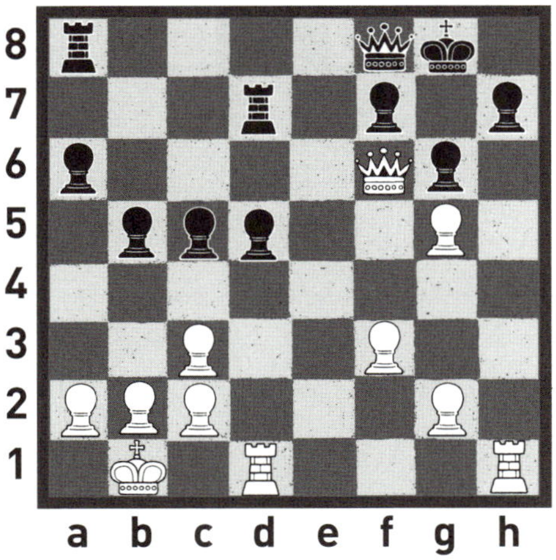

4. 이 문제에는 **스모더드 메이트**가 나옵니다. 어떻게 하면 백이 2수 만에 체크메이트를 할 수 있을까요?

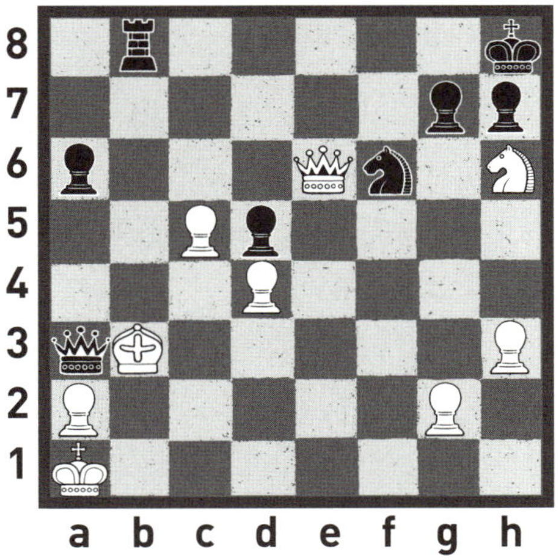

해답: 159쪽

6장 폴과 디노 맞붙다

CHESS FOR CHILDREN

여기까지 차분히 그리고 성실하게 공부했다면, 이미 여러분은 체스의 기본을 완성했다고 할 수 있습니다. 기물을 움직이는 기본 규칙은 물론이고 기물의 가치와 여러 가지 전술, 오프닝 전략까지 익혔으니까 말이죠. 지금부터는 체스를 즐기며 꾸준히 자신의 실력을 키우면 됩니다.

이제 체스를 두는 방법을 다 배웠습니다!

실력을 빠르게 키우고 싶다면 유명 선수들의 기보를 구해

직접 체스판 위에서 따라 해보세요.

여러분의 체스 실력이 쑥쑥 늘어날 겁니다.

대격돌 : 폴과 디노의 게임

공룡 선생과 학생이 드디어 맞붙었습니다. 디노는 정말 체스의 고수일까요? 이 흥미진진한 게임을 직접 보고 판단해 봅시다.

디노(백) vs 폴(흑)

오프닝 : 시실리안 액셀 드래곤

1 e4 …

"나의 첫 수다. 어떠냐!"

백의 e-폰을 디노가 2칸 전진시켰습니다.

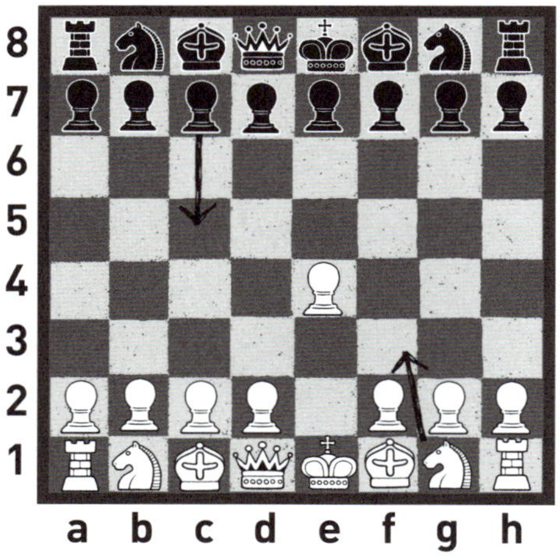

"또 그 킹 폰 오프닝? 그럼 나는 무시무시한 시실리안 디펜스다!"

폴이 말했습니다.

1… **c5**

"용감하군. 그럼 나는 나이트를 움직여서 중앙에 압박을 좀 줘도 되겠나?"

디노가 말하며 자신의 나이트를 움직였습니다.

2 ♘f3 …

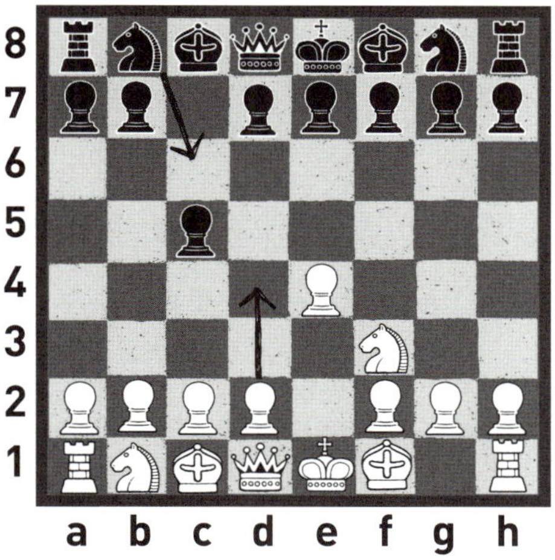

"마음대로. 나도 나이트를 움직일 거야."

폴도 디노처럼 나이트를 움직였습니다.

2... ♞c6

"이제 백 d-폰을 전진시켜 비숍과 퀸이 나갈 수 있는 길을 열어 주지."

디노가 말했습니다.

"이건 다 내 비법에 있는 내용이야."

거들먹거리며 디노가 자신의 폰에 손을 가져갔습니다.

3 d4 ...

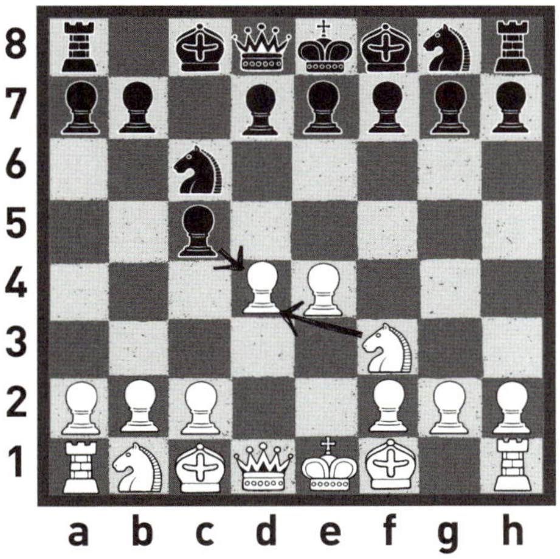

"날 속이려 하다니…… 감히 내 폰을 공격해! 그럼 내가 먼저 그 폰을 잡아 주지."

3... c×d4

폴이 디노의 폰을 잡았습니다. 하지만 디노는 여전히 침착했습니다.

"내 비법에 이미 있는 수들이지."

디노가 d4-폰을 나이트로 잡으며 말했습니다.

"이건 그냥 폰과 폰을 교환한 것뿐이야. 그 비법, 알려 줄까?"

4 ♘×d4 ...

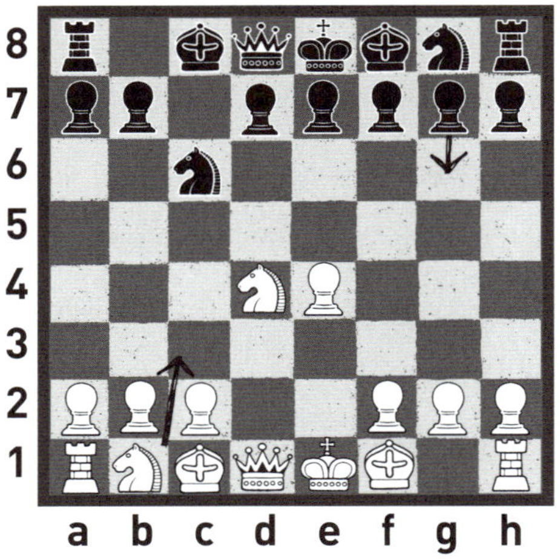

"필요 없어."

g7-폰을 g6으로 전진시키며 폴이 말했습니다.

"이건 몰랐을걸. 내가 방금 만들어냈거든! 이건 '슈퍼 하이퍼 울트라 액셀 드래곤'이다!"

4... g6

폴이 둔 수를 내려다보던 디노가 입을 열었습니다.

"잘 배웠네. 이젠 안전한 수를 둬야겠군."

5 ♘c3 ...

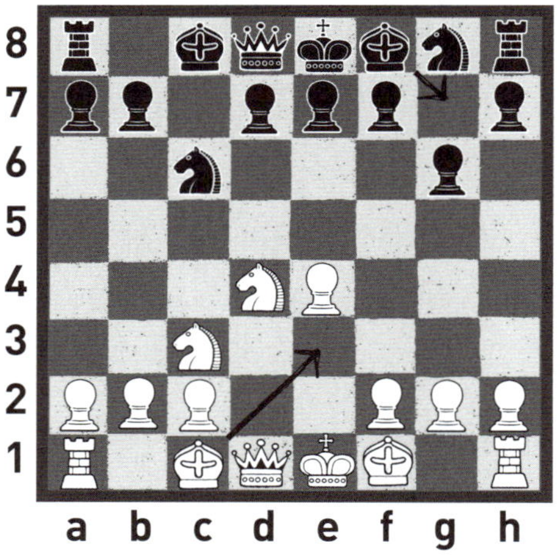

"그럼 나는 비숍을 전진시킨다."

폴이 후다닥 비숍을 움직였습니다.

5... ♝g7

폴의 비숍이 움직이는 걸 본 디노가 말했습니다.

"내 d4 나이트를 노리는구나. 다행히 나는 나이트를 보호하면서 비숍을 좋은 자리로 전진시킬 수 있지."

6 ♗e3 ...

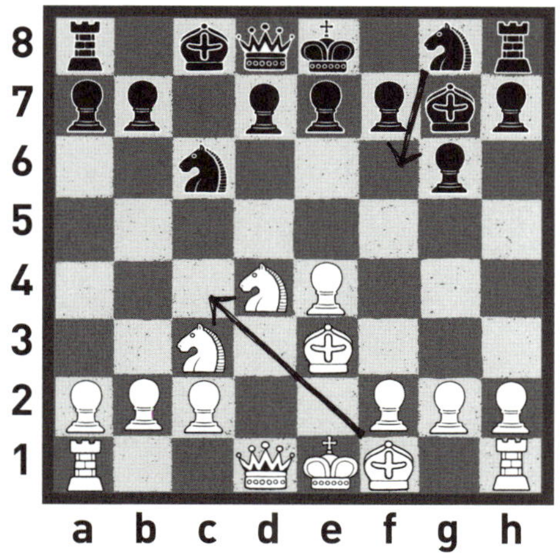

디노가 훌륭하게 응수했습니다. 하지만 폴은 여전히 자신감에 차 있었습니다. 폴이 말했습니다.

"그래, 내 기물들도 네 기물들 못지않게 빨리 좋은 자리로 전진하고 있어. 봐, 이 나이트가 움직이고 나면 캐슬링을 할 수 있어."

6... ♞f6

"캐슬링은 언제나 빨리 한다는 것이 우리 집 가훈이지. 이 c4 자리 어때? 내 비숍이 자리 잡기에 안성맞춤이지, 안 그래?"

디노의 비숍이 중앙 깊숙이 전진했습니다.

7 ♗c4 ...

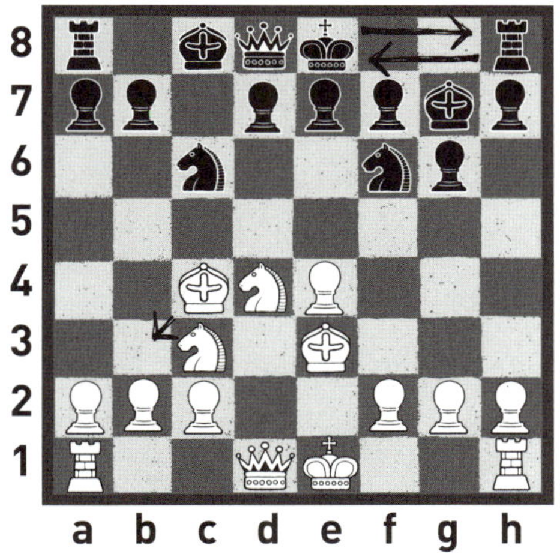

"캐슬링은 어떻게 하는 거였지?"

폴은 혼잣말로 물었습니다.

" 아, 그래. 킹이 2칸 움직이고, 룩이 반대쪽으로 넘어갔지. 이거야!"

7... 0-0

"아무래도 비숍을 뒤로 후퇴시켜야겠군."

몇 분간 생각하던 디노가 말했습니다.

8 ♗b3 ...

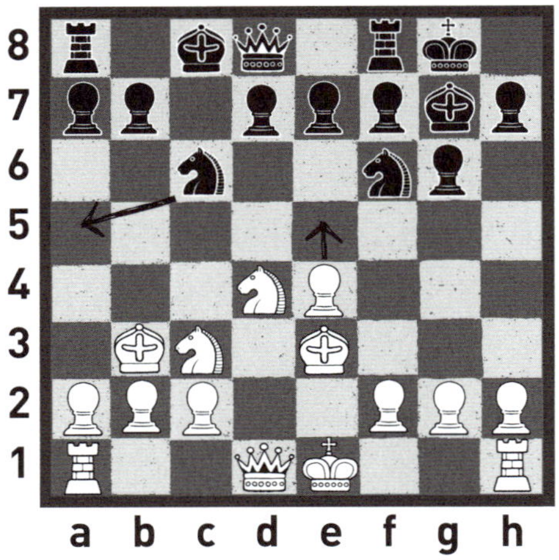

"벌써부터 뒤로 도망가네, 겁쟁이!"

8… ♞a5

폴은 나이트를 움직여 비숍을 공격하면서 말했습니다. 디노는 1수를 두는 데 몇 분씩 생각했습니다. 폴은 디노가 겁을 먹었다고 확신했습니다.

"내 e-폰으로 나이트를 공격하지. 내 폰이랑 나이트를 바꾸는 건 어때?"

디노가 폰을 옮기며 말했습니다.

9 e5 …

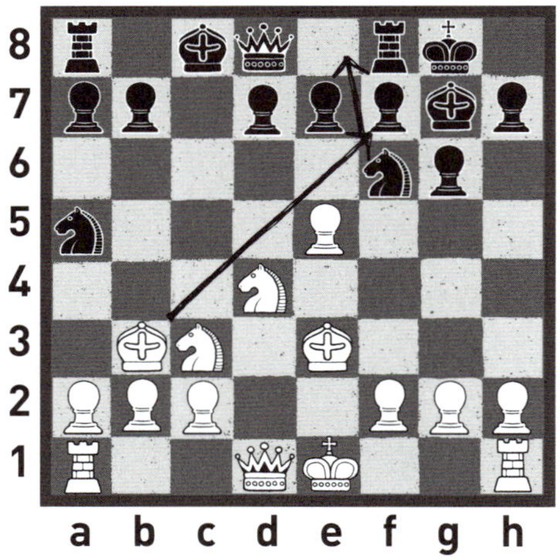

"절대 안 되지! 나이트가 폰 3개와 맞먹는데 말이야."

황급히 나이트를 뒤로 후퇴시키며 폴이 말했습니다.

9… ♞e8

"비숍으로 f7을 잡고 체크!"

디노가 말했습니다.

10 ♗×f7+ …

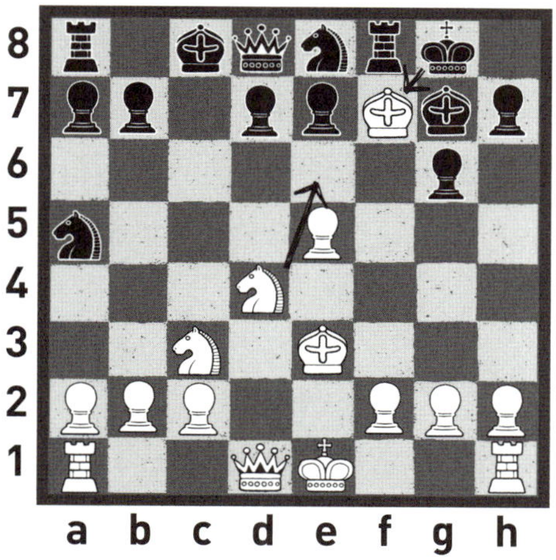

“이런, 실수했나 보네! 비숍은 킹으로 잡아주지. 겨우 폰 1개로 비숍을 잡았네.”

폴이 웃으며 말했습니다.

10…　　　♚×f7

“오, 이제 이 나이트로 퀸을 공격해 볼까?”

디노가 말했습니다.

11 ♘e6　　　…

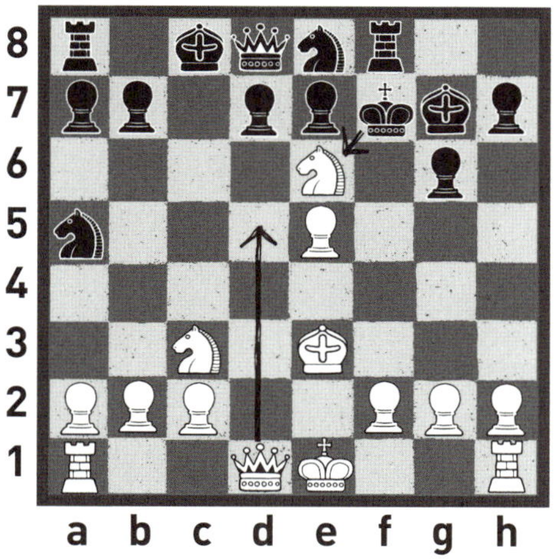

“그러고도 체스 마스터라고 할 수 있어? 나이트까지 공짜로 주네! 킹으로 잡아야지.”

폴이 웃으며 말했습니다.

11…　　　♚×e6

“체크.”

퀸을 d5 자리로 옮기며 디노가 여유롭게 말했습니다.

12 ♕d5+　　　…

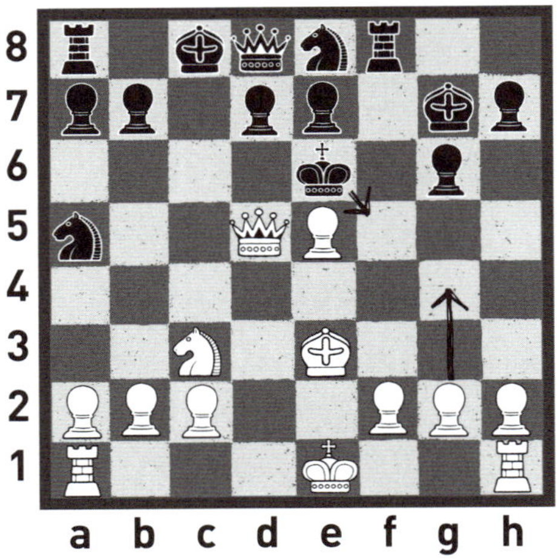

디노의 체크에도 폴은 놀라지 않았습니다. 폴이 말했습니다.

"별거 아니네. 킹을 움직이면 그만이잖아. 내가 비숍과 나이트를 1개씩 더 많이 잡았어. 금방 끝내 줄게."

12... ♚f5

"또, 체크."

g-폰을 2칸 옮긴 디노가 말했습니다.

13 g4+ ...

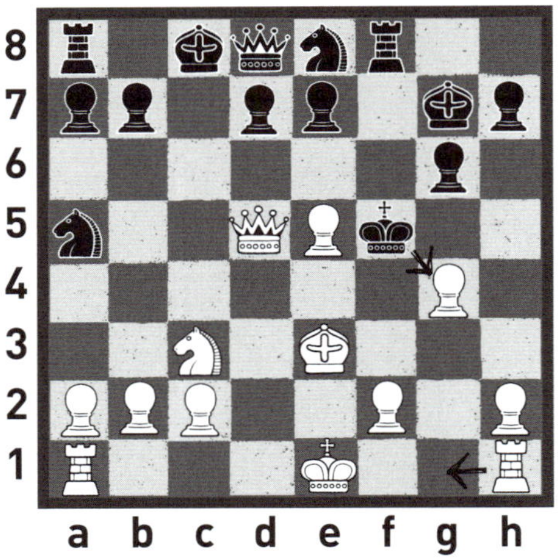

"이젠 폰까지 공짜로 주네. 폰을 킹으로 잡아 주지."

폴이 자신 있게 말했습니다.

13... ♚×g4

"룩이 g1으로 가서 또 체크."

디노가 말했습니다.

14 ♖g1+ ...

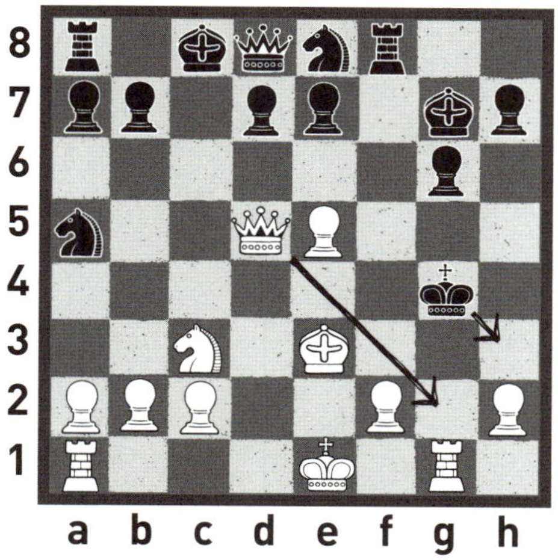

"알았어. 이제 내 킹이 움직일 수 있는 곳이 몇 군데 없네. 하지만 아직 체크를 벗어날 수 있어. 내가 잡은 기물들을 봐. 내가 이겼지, 디노?"

14... ♚h3

"체크."

백 퀸을 g2 자리로 옮기며 디노가 말했습니다.

15 ♕g2+ ...

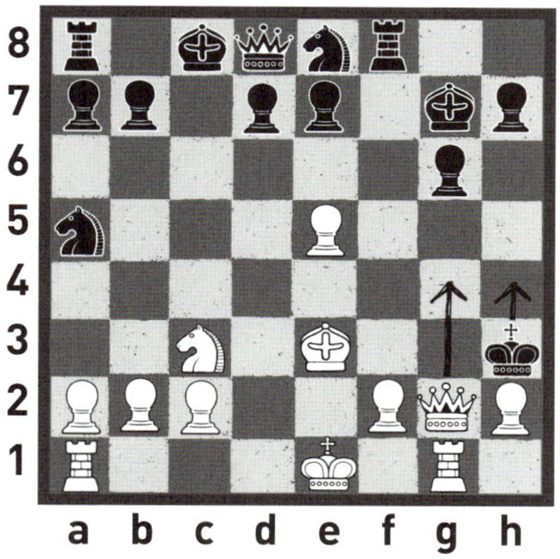

폴이 살짝 눈을 찌푸리며 말했습니다.

"계속 체크를 하네. 하지만 아직 도망갈 곳은 있어."

15... ♚h4

"이제 백 퀸의 마지막 수야. 체크메이트! 네 킹이 공격을 받았는데 도망갈 곳이 없어. 백 룩이 보호하고 있어서 흑 킹이 백 퀸을 잡을 수도 없지. 넌 게임에서 졌어!"

폴의 킹이 움직이는 것을 본 디노가 말했습니다.

16 ♕g4 체크메이트

폴은 멍하니 체스판의 체크메이트를 내려다보다 미소를 지었습니다. 체스는 배우기 쉽지만 고수가 되기는 어렵다는 것을 깨닫게 해준 한판이었습니다. 다행히 폴에게는 디노라는 훌륭한 코치가 옆에 있습니다.

연습 문제 해답

각 정답마다 1점입니다. 정답을 맞혔다면 오른쪽 네모 칸에 연필로 표시해 봅시다. 맞힌 개수를 더한 것이 여러분의 점수입니다.

제1장 체스판과 기물들

연습 문제 1 (14쪽)

1. 백 비숍과 흑 킹. ☐
2. 룩 4개가 없다. ☐
3. 16개의 폰들이 있다. (백 8개, 흑 8개) ☐
4. 나이트는 4개가 있다. (백 2개, 흑 2개) ☐

연습 문제 2 (20쪽)

1. 흑 폰. ☐
2. 아니다. 흑 폰이 중간에 가로막고 있다. ☐
3. 2개(흑 퀸과 흑 비숍). ☐
4. 백 폰. ☐

연습 문제 3 (26쪽)

1. 2개(흑 비숍과 흑 룩). ☐
2. 아니다. 백 폰이 중간에 가로막고 있다. ☐
3. 그렇다. 백 킹은 흑 나이트를 잡을 수 있다. ☐
4. 흑 킹이 움직일 수 있는 곳은 딱 한 곳이다. (b8) ☐

연습 문제 4 (32쪽)

1. 아니다. 원래 시작 위치에 있는 폰만이 2칸을 전진할 수 있다. ☐
2. 백 룩. ☐
3. 흑 룩. ☐
4. 나이트는 백 기물 3개(백 비숍, 백 퀸, 백 룩)를 공격하고 있다. ☐

이제 점수를 더하세요

16점 | 훌륭해요!　**12~15점** | 아주 잘했어요!　**5~11점** | 잘했어요.
4~7점 | 보통입니다.　**0~3점** | 노력하세요.

총점 : _____(16점 만점)

제2장　기보 읽고 쓰기 그리고 체크메이트

연습 문제 5 (46쪽)

1. 1 d4. "1"은 첫 수를 뜻하며, "d4"는 폰이 도착한 자리를 표시한다. ☐
2. 1…♜c2. 흑 룩이 c2로 갔다. ☐
3. 1 ♘×c6. 백 나이트가 c6에 있는 상대방 기물을 잡았다. ☐
4. 1…♝×b2. 흑 비숍이 b2에 있는 상대방 기물을 잡았다. ☐

연습 문제 6 (52쪽)

1. 백에게 손해 보는 교환이다. 백은 폰 3개짜리 나이트를 잃고 폰을 1개밖에 잡지 못했다. ☐
2. 이 교환은 본전이다. 양쪽 모두 비숍 하나씩을 교환했다. ☐
3. 흑은 폰 5개짜리인 백 룩을 잡는 것이 유리하다. ☐
4. 폰 9개짜리인 퀸을 주고 폰 5개짜리 룩을 잡는 것은 큰 손해다. ☐

연습 문제 7 (60쪽)

1. 1… ♜×d2. ☐
2. 그렇다. 흑은 1…e×d4로 백 폰을 잡을 수 있다. ☐
3. 1 ♔f5. ☐
4. 백은 퀸으로 흑 룩을 잡아야 한다. ☐

연습 문제 8 (68쪽)

1. 1…♞d4+로 백 킹을 체크할 수 있다. ☐
2. 1 ♗b5+로 흑 킹을 체크할 수 있다. ☐
3. 체크를 벗어나는 방법에 2가지가 있다. 1…♚f8 또는 1…♚g7이다. ☐
4. 체크를 가로막는 방법에 4가지가 있다. ♘d5, ♘e4, ♗e4 또는 폰을 e4로 움직인다. ☐

연습 문제 9 (77쪽)

1. 1 ♕b7이면 체크메이트다. ☐
2. 1 ♖e8하면 8번째 랭크에서 체크메이트가 된다. ☐
3. 흑에게 최선은 1…♞c2 체크메이트다! ☐
4. 1 ♗×e1으로 흑 퀸을 잡을 수 있으므로 체크메이트가 아니다. ☐

이제 점수를 더하세요

20점 | 훌륭해요! **16~19점** | 아주 잘했어요! **10~15점** | 잘했어요.
5~9점 | 보통입니다. **0~4점** | 노력하세요.

총점 : ______(20점 만점)

제3장 캐슬링과 폰 승진 그리고 앙파상

연습 문제 10 (86쪽)

1. 아니다. 나이트가 있으므로 캐슬링을 할 수 없다. ☐
2. 아니다. g1 자리를 흑 퀸이 공격하고 있으므로 캐슬링을 할 수 없다. ☐
3. d1 자리. ☐
4. g8 자리. ☐

연습 문제 11 (94쪽)

1. 흑은 1…b×c1=♛ 체크메이트로 백 룩을 잡으면서 동시에 폰을 퀸으로 승진시키고 승리한다. ☐

2. 1 g7이면 쉽게 승리한다. 흑 킹은 멀리 있어 백 폰이 승진하는 것을 막을 수 없다. ☐

3. 백은 1 a7 h2 2 a8=♕으로 승리한다. 백 퀸은 이제 흑 폰이 퀸으로 승진하는 자리를 장악한다. ☐

4. 1 c8=♘+로 차급 승진을 하면 승리할 수 있다. 흑 킹과 퀸이 모두 동시에 공격을 받았다. ☐

연습 문제 12 (99쪽)

1. 백 폰은 c6으로 간다. ☐

2. 아니다. 백 폰이 (원래 시작 자리인 e2가 아닌) e3 자리에서 1칸 전진했다. 흑은 앙파상으로 백 폰을 잡을 수 없다. ☐

3. 여기서는 앙파상으로 잡을 수 있는 방법이 2가지나 있다. 1 e×f6 또는 1 g×f6. ☐

4. 아니다. ☐

이제 점수를 더하세요

12점 | 훌륭해요! **9~11점** | 아주 잘했어요! **6~8점** | 잘했어요.
3~5점 | 보통입니다. **0~2점** | 노력하세요.

총점 : ______(12점 만점)

제4장 첫 승리와 무승부

연습 문제 13 (108쪽)

1. 큰 실수다. 1 ♕×f7을 하면 스테일메이트 무승부가 된다. ☐

2. 백에게 f4로 움직일 수 있는 폰이 있기 때문에 스테일메이트가 아니다. ☐
3. 1 ♕e8+로 무한 체크를 할 수 있다. 1...♚h7 2 ♕h5+ ♚g8 3 ♕e8+ 등등. ☐
4. 흑이 폰을 지킬 수 있는 유일한 방법은 1...♚c3인데 그러면 스테일메이트 무승부가 된다. ☐

연습 문제 14 (117쪽)

1. 체크메이트를 하는 방법은 3가지가 있다. 1...♛a1, 1...♛b1, 1...♛d2. ☐
2. 1 ♕b2가 정답이다. 1 ♔c5는 스테일메이트가 되므로 실수다. ☐
3. 1 ♖b8이면 체크메이트가 된다. ☐
4. 1...♜g2+로 백 킹을 (2 ♔c1, 2 ♔b1 또는 2 ♔a1로) 뒤로 물러나게 한 다음 2...♜h1로 체크메이트를 한다. ☐ ☐

이제 점수를 더하세요

8점 | 훌륭해요! **6~7점** | 아주 잘했어요! **4~5점** | 잘했어요.
2~3점 | 보통입니다. **0~1점** | 노력하세요.

총점 : ______(8점 만점)

제5장 오프닝과 전략전술

연습 문제 15 (128쪽)

1. 1 ♘c7. 백 나이트로 흑 룩 2개를 포크한다. ☐
2. 1...♛d4+로 g1에 있는 백 킹과 a1에 있는 백 룩을 포크한다. ☐
3. 1 ♗b5면 흑 퀸이 뒤에 있는 흑 킹 때문에 핀에 걸린다. ☐
4. 1...♜a1+로 스큐어가 된다. 백 킹이 움직이면 흑은 2...♜×h1로 백 룩을 공짜 ☐

로 잡는다.

연습 문제 16 (138쪽)

1. 1 e4가 h3보다 훨씬 좋은 오프닝 첫 수다. 백의 다른 기물들이 중앙으로 진출하도록 길을 열어준다. ☐

2. 프렌치 디펜스. ☐

3. 아니다. 3...♞f6는 좋은 수가 아니다. 그러면 백이 4 ♕×f7 체크메이트로 승리한다! ☐

4. 백이 훨씬 유리한 상황이다. 백 기물들이 더 활동적인 위치에 있고, 폰들이 중앙을 장악했다. 게다가 이미 캐슬링도 했다. ☐

연습 문제 17 (143쪽)

1. 1 ♕×d7!으로 승리한다. 1...♛×d7 2 ♖b8+로 8번 랭크에서 체크메이트가 된다. ☐

2. 1 ♖h8+! (룩 희생) ♚×h8 2 ♕h6+ ♚g8 3 ♕g7 체크메이트! ☐

3. 1 ♖×h7로 승리한다. 1...♚×h7 2 ♖h1+ ♚g8 3 ♖h8 체크메이트가 된다. ☐

4. 1 ♕g8+를 하면 흑은 1...♞×g8 또는 1...♜×g8를 할 수밖에 없다. 그러면 백은 2 ♘f7로 체크메이트를 한다. ☐

이제 점수를 더하세요

12점 | 훌륭해요! **8~11점** | 아주 잘했어요! **6~7점** | 잘했어요.
3~5점 | 보통입니다. **0~2점** | 노력하세요.

총점 : ______(12점 만점)

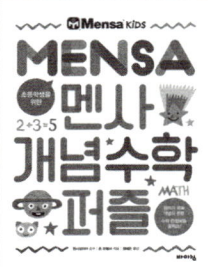

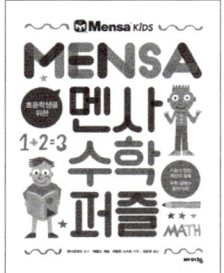

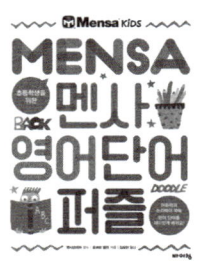

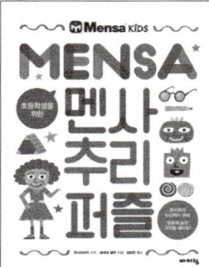

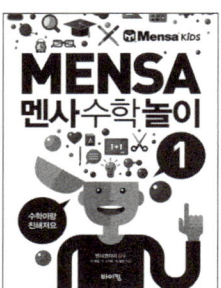

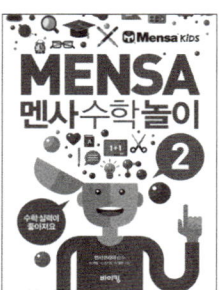

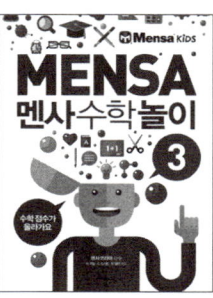

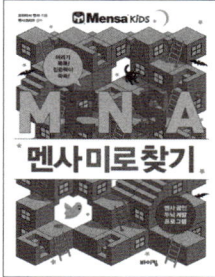

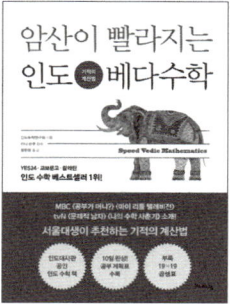

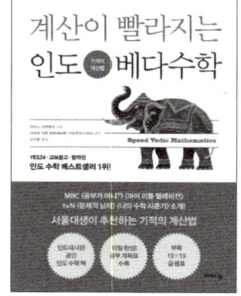

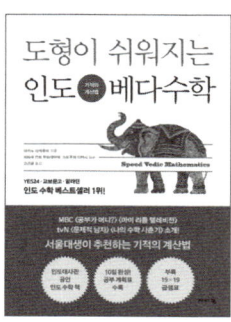